现代服务业维权之路

XIANDAIFUWUYEWEIQUANZHILU

——维权 案例 概念 知识 研究

师万雄 著

陕西出版传媒集团
陕西人民出版社

现代服务业维权之路:维权案例、概念、知识研究/
师万雄著.—西安:陕西人民出版社,2014
ISBN 978-7-224-11100-2

Ⅰ.①现… Ⅱ.①师… Ⅲ.①服务业—法律—研究—
中国 Ⅳ.①D922.294.4

中国版本图书馆 CIP 数据核字(2014)第 070536 号

现代服务业维权之路

——维权案例、概念、知识研究

作　　者　师万雄
出版发行　陕西出版传媒集团　陕西人民出版社
　　　　　（西安北大街 147 号　邮编：710003）

印　　刷　陕西嘉诚印务设计有限责任公司
开　　本　787mm×1092mm　16 开　12.5 印张
字　　数　160 千字
版　　次　2014 年 4 月第 1 版　2014 年 4 月第 1 次印刷
书　　号　ISBN 978-7-224-11100-2
定　　价　36.00 元

自 序

为什么消费者在许许多多的地方会遇到意想不到的侵权？

为什么消费者无过错却要承受侵权之“困”，有证据却难以维权？

为什么侵权方面对证据却敢于歪曲事实、颠倒黑白、层层庇护？

为什么侵权方总是有理由而不承认侵权事实、不给消费者一个真诚的道歉？

……

现实的社会中，会出现许多不良社会现象、矛盾和问题。当这些现象、矛盾和问题发展到一定程度没有及时解决，就会成为一个社会问题或严重的社会问题，我们不得不去认真面对。但要更好地解决这些问题，前提是我们要经过深入研究、认真分析产生这些问题的原因，采取怎样的防范措施，如何组织实施、有效治理，等等问题。

本书主要研究现代服务业“侵权容易维权难”这一社会现象与问题。银行业是现代服务业的重要组成部分。书中以一个真实的商业银行服务侵权案例为基础，从社会管理学的角度，结合企业管理的知识，对现代服务业发展中出现的侵权问题进行了分析研究。最初，笔者只是想把这个完整的服务侵权与投诉维权事件整理成一个典型的企业管理咨询案例，但随着事件的发展和素材的充实，不断提供了研究的动力，使笔者对侵权的本质、侵权对消费者及全社会产生的危害及后果有了更进一步的认识，对

“侵权容易维权难”这一中国式维权特有现象有了更深的认识，希望通过这些研究，促进对恶意侵权行为的打击力度，积极倡导真善美的社会美德，弘扬诚信为本的理念，不断净化社会风气。

本书共分三个部分，注重知识性、案例性、实用性等。其中“维权概念”部分对10个侵权、维权以及密切相关的重要概念作了较详细的归纳、论述；“维权知识”部分，重点从消费者“投诉”维权的角度出发，对投诉产生的原因与心态进行了分析，总结了一些投诉方面的知识与技巧，并对如何破解维权的具体方法进行了探讨。通过两部分的论述，试图构建针对侵权与维权的基本知识体系结构，以便于读者更好地了解、认识、研究这一社会问题。书中提出了一些不成熟的概念、思考和措施，比如将消费者权益分解为3个概念；消费环境划分为五级；将侵权归纳为8种手段、8种形式、7大类24种；对侵权的发展演变，提出“三个阶段”划分来认识侵权的本质，即从初级阶段的“原始侵权”（直接、低级侵权）、到中级阶段的“文明侵权”（间接、科技侵权），到高级阶段的“文化侵权”（科技＋规则＋文化侵权）等等。

社会管理是一个庞大、复杂的系统。作者认为，不仅需要从宏观层面做好架构设计，也需要从中观层面做好组织协调，抓好承上启下落实工作，但更缺少不了从微观层面对社会管理在新时期出现的新问题进行具体目标、任务、措施等分析研究，使社会管理更务实、更有效、更和谐，否则，我们的社会宏观、中观的体制、机制和法规、制度体系是好的，但在微观层面上却陷入“有缺失不完善，有要求少措施，有规则难操作，有呼吁难解决”的困境，往往达不到预期的管理效果。我相信，如果加强微观层面的研究，就会为宏观、中观层面的政策调整、管理决策提供更有价值的依据、思路，使社会管理更有针对性、可操作性和有效性。

随着我国改革的不断深化，经济规模的快速增长，发展模式的进一步转变，科技的日新月异，新事物、新问题会不断出现，在遵循“依法治国”、“以德治国”，有利于解放生产力、维护社会稳定的前提下，有关管理机构更应负起责任、积极尝试，大胆创新和采用更有效的管理方法、管理制度、管理手段和管理措施，使我们的社会精神文明与道德建设更有成效、更加美好！

由于本人第一次涉足社会管理学领域，水平有限，对维权概念、维权知识的认识、理解、归纳或解释等较为浮浅，内心深感忐忑不安，但可慰藉的是至少是对“侵权容易维权难”这一社会现象与问题研究的一次有益尝试，也是从微观层面对社会管理学知识的一次粗浅探索。希望通过这一研究，能引起更多人对社会管理问题的关注、重视和研究。我相信，每一个人都希望有一个良好的消费环境，只要人人努力，这一天一定会早日到来。愿此书能为此起到一定的作用。

目 录

第二章 维权概念

第三章 维权知识

总 论

要成为一个发达国家和消费型大国，第三产业（服务业）的发展需占GDP70%左右，如美国为75%（其中金融服务业占GDP的30%）、法国是72%、日本是68%以上。由于我国第三产业特别是现代服务业处于发展的初级阶段，基础薄弱，管理落后，发展不平衡、不协调，存在种种问题，因此，在加快推进第三产业发展的同时，非常有必要加强与服务密切相关问题的研究，如消费环境、消费心理、消费行为、消费者权益以及消费过程中出现的侵权、维权等等方面，通过对典型案例、维权概念、维权知识的分析研究，对于宏观层面制定规划、指导发展，微观层面强化监管、推进现代服务业的健康、和谐、快速发展具有非常重要的现实意义。

一

现实生活中，我们越来越多地看到和听到许许多多的关于维权方面的报道和抱怨，人们不甘于忍受侵权，又难以维权，所以，形成了“中国式维权”——“侵权容易维权难，理性维权难上难”、“维权等于自伤，谁维权谁自伤，越维权越自伤”、“不吵不闹无人管，极端维权频出现”、“为了一只羊，付出一头牛”这一既有普遍性，又有特殊性的社会现象。与“中国式维权”相对应的是“中国式侵权”——不仅逐渐发展为“文明的侵权”行为，而且正在向“侵权的文明”文化方向演变这一具有中国特色的侵权特征。

“中国式维权”反映的不是“依法维权”的一种心理、一种思维、一种要求，而是折射出对“无法维权”现实的一种无奈、无助、无思和非理性的情绪宣泄。为什么会出现这种现象？它的发展趋势如何、本质是什么？我们应当如何来对待？通过分析至少我们可以看到，这已不是一个个体问题、个人问题，而成为一个快速发展的、严重的社会问题，是对社会道德、文化、文明理念发展的严重扭曲。

（一）侵权与维权社会乱象

从侵权现象来看，其普遍性在于几乎渗透到各个领域、各个行业和每个角落，特殊性在于侵权的手段层出不穷，花样变化莫测，发展速度之快，令消费者应接不暇、防不胜防、无可奈何，可谓在“不知道、不经意、不明白”之时，“想不到、想不通、不敢想”之处随时都有可能遭到侵权。

从维权现象来看，维权的人们时时处处都有，维权的事情一件未了又出一件，维权的方式也“八仙过海，各显神通”，不断考验着人们的维权智慧和维权的忍耐力。为了维权，人们想尽了办法，付出了大量的经济、时间、精力成本，也屡屡出现砸汽车、拦飞机、跳桥（楼）、封路、堵门等等个体的、群体性的、不愿忍受侵权又无法有效解决的非理性甚至暴力维权行为，而更多的人们尽管已对理性维权不再抱有太多的希望，但又不甘愿忍受无理、缺德的有意、恶意侵权行为，以不同的方式发泄着对侵权者的不满，对社会缺失诚信、道德、正义的抱怨。

以与人们生活密切相关的第三产业现代金融服务——银行业为例，可以看到公开报道的恶劣侵权手段有：信用卡中心员工出卖客户信用资料（个人行为）、存款变保险（银行与保险的联手、勾结行为）、存款变投资或理财（个人或集体行为），以及诸多的变相收费、乱收费、潜规则、伪规则、霸王条款、霸王合同、服务陷阱（集体、行业行为）等等。

银行业是由传统服务业过渡为现代服务业的一个重要行业，有着成熟的发展历程，继承诚实、守信的优良传统，它与现代人的生产、生活更是密不可分。它的从业人员文化素质相对较高，收入较高，并有先进的高科技服务手段，良好的工作环境（简称“三高一好”），自上而下、内部外部有着比较严格、规范的管理和监督机制，因此，银行业完全有条件成为现代社会文明的一个示范窗口行业，更应该体现和引领社会发展的公共道德、职业道德和文明水平。但事实并非如此，个别银行甚至在引领着侵权由传统手段向科技手段（侵权的文明化）、由制定潜规则向制定伪规则（侵权的合规化、公开化）、由“侵权行为”向“侵权文化”（侵权的合理化、合法化）、由受道德约束向利用道德、违背道德（侵权的道德化）的方向发展。

（二）走向“文明”的侵权与“野蛮”的维权

随着对利益的过度追求，一些垄断和有条件的服务企业，在不断追求利益最大化的思想指导下，不满足于零零星星、遮遮掩掩、偷偷摸摸的侵权，他们的侵权已处于一个主动（设计）、快速、多变（规避监管）的发展态势，他们需要快捷、方便、安全（非直接、可公开）、“合理、合规、合法”化的侵权，需要有理由、有依据、有文明与道德的外衣掩饰下的侵权，那最好的办法就是想办法把不文明侵权行为变成文明行为，即“文明的侵权”行为。于是，利用法律法规的漏洞和道德的有限约束力，出现了许许多多不合理、不合规、不合法、不道德的显规则、潜规则、伪规则；更聪明的办法是把“文明的侵权”行为所获得的利益拿出一点点来“回馈社会”，大肆宣扬企业对社会的责任担当、超值贡献，来掩饰资金的来源，转移人们的视线，混淆人们的概念，通过潜移默化的侵权文化来美化、掩饰其侵权行为，保护自己的利益和形象，于是“文明的侵权”行为就披上了“新道德”、“新文化”的外衣，形成了“侵权的文明”文化，让大家所接受、所默认、所习惯。文明与道德就这样被侵权与利益所绑架，成为了侵权者谋取利益的工具和庇护伞。更带来了前所未有的“文明的侵权”与“侵权的文明”景象，使人们对社会文明、社会道德、社会诚信度反反复复进行着一次次的考量和反思。

而正当的维权“权力”却处于分散、盲目、被动、无奈的应对状态，理性维权难，个体维权难，因为缺乏侵权的“有效证据”与有利、有力的维权规则、依据保护，依靠法律需要付出更高的维权成本甚至仍然没有结果，使消费者处于受到侵权难以维权的尴尬境地，甚至被认为是自己“自愿上当”、自己“过失”造成的结果，侵权受害者反而成为“咎由自取者”。于是很容易出现无奈向联合维权、非理性维权、暴力维权方向发展的现象，由信任承诺、信任诚信道德，向不信任承诺、不信任诚信道德方向发展；由信任维权机构、相信社会正义向不信任维权机构公信力和不相信社会正义方向发展，理性维权行为不得不走上“野蛮”维权的道路。

（三）对道德与法律的挑战和考验

“中国式维权”的核心是“侵权容易维权难”，为什么？

首先，应该承认我们对侵权行为的认识是远远不够的。有意、恶意侵权的本质是为了获得利益或与利益相关的权益，而他们对利益的追求欲望是无止境的。一旦利益与道德相结合，道德被利益所绑架或道德水平本来就低下，那么，为了获取利益或暴利，一些人、一些企业就会一再利用人们普遍的诚实、善良本性，不惜出卖自己的道德来换取利益。可见，有意、恶意、肆意侵权行为绝不是一个简单的普通行为，而是一个道德缺失甚至严重丧失道德的恶劣行为，它对社会的腐蚀是巨大的、深远的，它对社会所造成的危害是长久的、致命的，已成为社会道德沦丧、风气日下的重要原因之一，也是不断感染和影响侵权行为多发、高发并持久得不到有效解决的根源所在。而我们对它的危害性认识远远不够，打击远远不够。我们应该反思，是谁放纵了侵权？或谁应该为侵权太容易承担责任？

其次，应该承认我们对侵权受害者的权益保护是远远不够的。为什么会产生如此普遍的侵权行为而消费者的权益得不到有效保护？为什么社会道德风气日下得不到明显好转？可见，对消费者权益的保护，不只是一个个人权益保护问题，而是一个影响社会道德是否健康、社会发展是否和谐的大问题，全社会应该正视这一问题，有关立法与监管机构更应该认真研究、解决这一问题。

“中国式维权”现象要彻底改变，要依靠道德建设、法规健全与严厉惩治三者并举。中国的健康发展不需要“文明的侵权”行为，更不需要“侵权的文明”文化！要保护消费者的权益，就要加大法治与道德建设，让侵权行为始终处于“法与德”的约束之中，处于全社会的监督之中；就要加大对侵权行为的打击力度，让侵权者为侵权付出沉重的代价，使他们畏于侵权；就要对维权者的维权行为给予鼓励，只有人人维权，人人为净化社会风气贡献力量，这个社会才会发展得更健康、更和谐、更文明，每个人才会从中更受益。

我们提倡理智、文明的维权，更要严厉打击各种侵权行为。我们呼吁有社会责任感的企业和企业家们，要实现国家的健康、快速、和谐发展，就不能允许、鼓励、依靠“文明的侵权”与“侵权的文明”来实现，它与中华民族的道德、精神文明建设、中国几千年传统文化和经商、从事实业的诚实守信理念相背离，也与现代企业和时代的发展方向相背离。社会文明需要不断创新发展，但不是对文明的扭曲。企业需要精细化甚至是精算化管理，但不是对社会、对文明、对道德的算计。

二

通过对现代服务企业侵权案例的分析、基本概念与基础知识的研究，概括总结出如下基本结论：

（一）侵权现象分析结论

1. 有 95%以上的侵权行为因各种原因、障碍未投诉或未深入投诉；

2. 已投诉的侵权案件中有 90%以上的投诉未解决或被搁置；

3. 投诉中有不足10%的案件虽然得到解决，但并没有真正保护消费者的合法权益或者说消费者的侵权损失与维权成本大于维权所得，消费者并不满意；

4. 投诉中只有不到1%的侵权案件消费者的个体权益得到维护，但侵权者的损失远远小于其在同类侵权中所获得的利益，或者说侵权者整体上获得了丰厚利益甚至是暴利；

5. 有99%以上的侵权方获得了实际利益，相当一部分获得了暴利。

（二）侵权发展分析结论

1. 利用科技手段替代人工操作实施的侵权，实现了侵权手段的科技化，使消费者更难找到侵权者或责任人；

2. 利用社会监管规则漏洞不断设计“服务、理财”等新概念、新产品，巧立名目创造“合理、合规、合法”侵权机会，实现了侵权方式融入“增值化服务”之中，使消费者容易上当、更难找到侵权证据；

3. 利用垄断经营或规模经营制定不合理潜规则、伪规则、霸王条款，实现了侵权的公开化、“文明化”，消费者更难找到侵权证据、维权依据；

4. 利用消费者的诚实善良用专业术语掩盖、混淆、隐含侵权规则（概念），规避责任，实现了侵权行为的合理化、公开化、“道德化”，侵权者更难受到公开的、广泛的社会道德谴责；

5. 利用媒体大肆宣传发展业绩、企业文化，掩盖、保护了不断创新的侵权“文化”，迷惑、影响了社会监管，逃避了侵权责任，消费者更难实现维权。

（三）侵权责任分析结论

1. 可以肯定的是，95%以上的投诉是侵权方的责任，有不到5%的投诉可能与消费者之间因误解而产生，不排除极少数投诉因国内消费环境差等多种原因导致消费者对服务提供方的误解与逆反心理而造成；

2. 99%以上非理性、暴力型维权是消费者无法忍受侵权方的有意、恶意侵权行为、蔑视消费者的权益，并采取推拖、误导、欺骗等不道德手段、不尊重消费者的人格等原因造成；

3. 80%以上的维权是侵权服务提供方内部管理机构未赋予一线或中层一定的权限，导致他们向消费者采取不道德手段以避免自己的责任，致使投诉无法解决，不断升级，矛盾进一步激化，最终导致部分非理性或暴力维权行为发生。

（四）侵权原因分析结论

1. 企业过度注重效益，“诚实守信”的经营理念淡薄、或被忽视、被扭曲，导致企业文化、社会责任、公共道德、职业道德出现偏差是产生侵权的基础原因；

2. 企业内部管理机制与机构设置显现出“重经营、轻服务、少渠道（投诉）、弱监管”，是产生侵权和消费者难以维权的直接原因；

3. 注重个人利益，缺乏道德修养、诚信自律和职业道德教育是产生侵权行为的内在原因；

4. 对侵权的治理、打击存在诸如许多规则与道德“误区”，责任与监管“盲区”等，责任不清、监管不严、打击不力是造成侵权低成本、高回报、无风险，维权高成本、高风险、难维权，导致侵权容易维权难、社会道德下滑、信任度下降的重要原因。

（五）侵权后果分析结论

1. 破坏了社会经济健康发展的良好环境，全社会付出了巨大的经济损失代价；

2. 搞乱了社会道德、诚信文化的传承与发展，全社会付出了难以估量的道德代价；

3. 扰乱了社会发展的基本秩序，全社会付出了超常的社会管理和监督成本；

4. 大大提高了普通消费者和守法经营企业（者）的工作、生活和经营以及维权成本；

5. 进一步增加了人际交往及对社会的不信任度，降低了社会满意度。

（六）治理侵权措施分析结论

1. 治乱用重典。只有让侵权者的侵权目的实现不了并且付出沉重代价，侵权者才会有所顾忌，侵权肆意发展的势头才会得到有效遏制、扭转。因此，要加大打击力度，大大提高侵权成本，不断完善法律法规，进一步规范社会行为，社会环境才会得到明显好转。

2. 树德方为本。在严厉惩治侵权行为的基础上，要大力加强诚信文化、公民道德、职业道德建设，弘扬真、善、美的传统美德，努力提高企业"诚信为本"的道德水平，才能不断降低社会管理成本，进一步推动社会文明、和谐、健康发展。

3. 行业重自律。行业协会和监管机构要充分发挥熟悉行业特征，加强行业自律，维护行业信誉，鼓励公平竞争，严厉打击违法、违规行为的作用，认真履行相关职责，进一步推动行业的规范、健康发展。

4. 企业要自爱。尤其是规模化经营的现代服务企业，在重视经济效益的同时，更要注重努力提升自身素质，重视加强企业文化建设，真正树立企业的社会责任感，通过科学管理谋取发展，用真心来回报社会，承担起应有的社会责任，为社会的健康、和谐、持续、快速发展作出应有的贡献。

第一章 维权案例

本章再现了一个真实、完整的侵权与维权案例的全过程。通过从不同角度分析，为社会监管机构、企业管理者、管理咨询专家、高校从事管理教学的老师与同学们提供了一个有一定参考、研究价值的案例，也为广大消费者、爱好者和侵权受害者提供了一些新思路。

这是一个真实发生、还没有最后解决的“在线”侵权事件和维权案例。

因为某股份银行信用卡中心连续几次不负责任和一系列的侵权行为，熟知国内侵权事件频发以及本人多年从事管理工作形成的习惯，将其作了完整的记录、录音、取证并分析、整理成此案例。

从我准备用文字形式投诉开始，就预感到这是一个很好的案例，随着它的发展更证明了我的判断。在此过程中，我没有了气愤，我只是有许许多多的想不到，只是不断地在思考、在（深度）投诉、在测试、在总结、在分析、在收集充分的证据。作为一个管理或管理咨询者，我想让它成为一个完整的、有价值、有充分说服力的案例；作为一个侵权的直接受害者，我想让人们从中借鉴、了解、掌握一些维权的基本常识、吸取一些经验教训，同时维护自己的基本权益；作为一个主张维权的普通消费者，我希望负有维护消费者权益职责的机构和工作人员换一个角度、用一种新思维来分析、判断、总结，让这一案例成为对他们工作有益的参考依据，希望他们能更多、更主动地帮助消费者维权，打击侵权者的侵权行为，让侵权者付出应有的代价。

一、案例价值

通常，案例是对一个事件在特定环境条件下的局部分析。但这一案例由于是一个内容真实、过程完整、并有现实代表意义的典型案例，通过对它的多角度、全过程解剖分析，我们发现在不同的环节、不同的阶段暴露出不同的问题，有些问题具有普遍性，有些问题更深层次反映出该企业在企业文化、管理思想、机制体制、职业道德等方面值得深入思考、探讨研究的一些问题。这里我们简单从三个方面来分析它的基本价值。

（一）研究价值

宏观层面，对加强宏观政策的研究具有一定的借鉴作用。宏观政策的研究和制定都是基于现实与理论的结合。通过对这一事件发展的全过程研究，我们可以有一个整体的、系统的、连续的思维和构思，有利于国家和地方政府以及相关监督管理行业在制定相关法规、政策的过程中，把如何保护普通消费者权益，从体系、机制、机构、队伍建设以及赋予他们相应的权力等方面作进一步的研究和落实，以避免政策过于宏观、原则而难以在实际中实施。宏观政策的制定，应当有利于指导和方便微观层面的实施，有利于实践中采取有效的倾斜政策、保护措施来保护消费者的合法权益。

中观层面，对加强监督管理具有一定的借鉴作用。我国第三产业的发展起步较晚，管理水平相对落后，对社会的健康、快速发展形成了一定的制约。而第三产业的健康发展离不开全社会的有效监督管理，因此，对它的研究有利于加强相关监督管理机构的建设、开展有针对性的监督管理工作和制定相关的政策制度，以促进现代服务行业与企业的健康发展，同时维护消费者的合法权益，推动社会道德和精神文明建设。

微观层面，对加强监督管理和开展管理咨询具有一定的研究价值。本案例采用了原始的电话、信息、书信、照片等记载资料来反映事件的真实性，没有任何想象、虚构等内容，充分体现了事件原貌。从其事件发生的时间顺序分析，事件的每一步、每一个过程都作了完整的记载，内容真实，过程没有断裂，再加上它是第三产业——现代金融服务企业在服务侵权与维权方面的“在线”案例，对进一步加强和完善我国第三产业特别是现代服务业的规范管理、有效监督、开展咨询服务工作具有一定的现实意义和研究价值。

（二）参考价值

对管理咨询业的理论研究具有一定参考价值。我国的管理咨询业发展起步较晚，而且发展不平衡、不规范，没有形成符合中国特色、适应中国文化和现代企业发展需要的管理咨询理论体系和典型实践案例支撑体系，直接影响了管理咨询业的快速、健康发展，从而阻滞了中国企业的健康发展。这一案例可以为我国管理咨询理论的研究提供一定的有价值的参考依据。

对现代服务企业在组织架构、制度、机制等设计方面具有一定的参考价值。现代服务企业的“服务产品”其价值更多是体现在“服务”二字上，不能为了企业的低成本、高效益而过度压缩企业对消费者提供服务的服务机构特别是“售后服务、投诉渠道”等机构和人员，同时，在制度、机制、企业文化等方面单纯强调效率、效益而限制了客服的积极性、能动性，削弱了客服的投诉处理权限和部门间的有效协调功能，使得本来很容易解决的投诉问题，由于一线客服没有任何权力、部门之间缺乏有效沟通协调，导致问题一拖再拖，在多重压力下客服“不得不说谎”、“不得不狡辩”，使得问题更加复杂化。

对教学机构的管理课程、内容设置和教学方法等提供了一个值得借鉴的新途径。教学机构是培养人才的地方，我国现有的管理咨询人才队伍数量严重不足，远远不能满足我国社会经济的快速发展需要，同时，现有的管理课程缺少完整、有针对性、有现实意义与研究价值的案例。要培养高素质的人才队伍，对案例的分析研究是一种必不可少的教学手段。

为管理咨询机构和管理咨询专家提供了一个生动的案例以供剖析研究。我国管理咨询处于起步阶段，队伍严重不足，而且水平参差不齐，远远落后于发达国家，远不能适应现代企业发展需要相对应的管理咨询的要求。这一案例可以作为管理咨询机构和管理咨询专家探讨、研究现代服务企业机构、机制、制度设计和企业文化、职工队伍培训、职业道德建设研究等的一个典型案例。

（三）警示价值

第三产业的发展水平是一个国家经济发展成熟度的重要标志，更是要成为发达国家必须迈过的一个重要门槛。我国的第三产业起步晚，发展不平衡、不协调、不完善，相对比较弱，这一案例为第三产业特别是现代服务业的发展提供了一个诚实守信的反面警示案例，反映出我们的管理理念、发展思路、企业文化等方面存在许多值得探讨的地方。诚实守信永远是企业发展的基石，企业的健康发展不能以侵权换发展，以道德换效益，以道德换速度。现代服务企业的健康发展，特别是有一定规模和知名企业的健康发展，更要重视企业文化、职业道德建设，在企业健康发展的同时，更要有社会责任担当，要为社会文明进步做出贡献。只有这样，我国的第三产业特别是现代服务业才能得到健康、快速发展，我们才能逐步步入发达国家的行列。

二、案例阶段分析

一年多的时间里，本人与某股份银行信用卡中心和总行先后有 20 多次通话、9 条手机信息、7 次电子邮件、8 封书信往来以及寄来一套礼品（餐具），后期发出“律师函”之后与信用卡中心领导有两次当面交流。

鉴于实际通话20余次，通话时长达3个多小时，内容丰富，信息量大，为反映案例的真实性，对相关有实质内容给予原意或原话摘录，对相关电子邮件、手机信息、文字信件部分关键内容或全文予以录入。

（一）第一阶段：有错不纠错（2011年9月16日至12月21日）

1.阶段分析

消费者行为：（1）要求实行信用卡卡片保护并查明划款原因；（2）期间要求开卡消费；（3）期间按照银行信息提示自行联系境内、外有关机构进行查询，无结果；（4）限定时间内向客服反馈查询情况信息，并要求帮助查询原因；（5）对限制消费侵权行为、三个月未反馈划款原因耐心等待。

客服行为：（1）客服解释停卡保护、开卡程序或误导消费者，给予停卡保护；（2）对消费者开卡消费要求以建议为由而拒绝开卡，属于侵权行为；（3）提供一家国外电话号码让消费者自行查询（国外同类机构有16家），国内一家电话号码有误；（4）在消费者自行查询没有结果反馈信息要求帮助查明原因后，未予落实，无人过问。

问题核心：（1）客服保护性停卡解释与开卡操作实际不一致，自相矛盾、不负责任或误导消费者；（2）出现错误不纠正、不实事求是告诉消费者，而采取掩盖错误、逃避责任、滥用权力剥夺消费者开卡权力的做法，而消费者予以宽容，并未追究；（3）内部缺乏服务监管、协调机制与制度，消费者无法查询向其反馈信息后，没有落实帮助查询工作，近三个月未向消费者反馈结果，严重失职渎职。

关键词：个别客服的责任与素质，客服与后台之间的相互协调

2.分析依据

2011年9月16日下午5时多，我的手机突然收到一条国外消费划款的提示信息，“您尾号××××的×行信用卡于09月16日15时22分消费当地币150.00元”，而我此时正在西安，卡也随身而带。收到此提示信

息后，我疑惑了一下是不是假信息，再一看确实是×行发来，随后马上拨通了该行信用卡中心客服电话，首先讲明了事情，然后咨询他们如何停卡保护，并咨询需要开卡时如何开卡，662110号客服答复，“对卡片可以给予保护性停卡，随时可以停卡”，“再开卡时只要像现在一样打个电话，随时就可以开卡”。于是，我让客服做了保护停卡，并请他们帮助查明境外消费划款的原因。

9月18日是周末。我一直想在国庆前换个电器，于是在商场选好电器要刷信用卡时，我给一客服打电话请她开卡。客服不予开卡，我告诉她，停卡时咨询过你们可随时开卡，她承认可以开卡，但建议不要开卡，反反复复多次交流她仍然不给开卡。我告诉她，“开卡后的责任我承担，消费后可以随时再停卡”，并提醒她，我们之间的通话你们是录音的，而她仍然以建议保护为名不予开卡，剥夺了我的权利。我实在没有办法，问她“开卡的权利是你的还是我的?”，她承认是我的，但还是“建议不要开卡”。建议是建议，但不是权利，我明确告诉她“剥夺了我的开卡权”。考虑到可能是新员工或低级别员工，我问她“是你不熟悉业务还是没有权限？请你请示领班或联系后台”。很快她联系后（电话未挂）回来，但仍然是原来的态度。通话约30分钟左右。最后我告诉她，让她“请示领导，半个小时内给我回话，我在商场等待回话”。此后再没有回话，也无人与我联系。

我默认了，考虑到国情，我并没有在意和追究此事。这就是中国的国情，可以以任何一个借口就把消费者的权利剥夺了。

我也并没有把这件事放在心上。

9月21日手机收到两条信息，全文如下：

“尊敬的师先生/女士，您查询的金额为209.7美金的消费，商户信息为：退税中心,联系方式：010-85120895（市场部），021-62175539客服部。如仍有疑问，请在一周内致电我行400-820-5555客服热线。【××银行】”

“尊敬的师先生/女士，您查询的金额为209.7美金的消费，商户信息为:退税中心,联系方式:中国办事处的邮箱:taxfree.cn@globalrefund.com。如仍有疑问,请在一周内致电我行400-820-5555客服热线。【××银行】”

在一周时间内，我按照他们提供的电话进行了联系，上海方面称并不负责此事（毫不相干），北京市场部高小姐又告诉我两个电话，一个未打通，另一个是新加坡手机。经两次联系，新加坡方面查询后告诉我，他们的机构没有记录显示。我问他们那应该如何查询？她们说类似的国外机构有16家，让我与他们联系一下。

因我没有其他国外机构的电话，也没有办法了解，而我的信用卡是×行的，因此在规定的“一周内”即9月27日再次给信用卡中心客服打电话，我便把了解到的情况如实向信用卡服务中心反馈，并请他们给予帮助联系查询划款原因。

（二）第二阶段：知错不认错（2011年12月22至28日）

1. 阶段分析

消费者行为：（1）询问客服划款原因查询结果，客服查不到记录显示，无人落实、更没有结果；（2）不能接受长时间服务失职、开卡侵权、服务态度等行为，随即进行了电话投诉，要求道歉（电话）。

部门负责人行为：（1）对三个月无人落实查询划款原因推卸责任；（2）对投诉始终不予回音，回避责任，一再误导、狡辩，不予道歉。

问题核心：（1）对不负责任、侵权、读职等三个问题投诉无一正面答复，而是推脱、误导、狡辩等，一再回避、推卸责任，反而强调如何重视、如何努力，缺乏诚信、缺乏诚意；（2）有错不认错，规定不能道歉，消费者不能接受。

关键词：信用卡中心部门负责人的职责、素质与职业道德

2. 分析依据

9月27日向他们反馈查询信息后，我再没有过问这件事，一直在等待

他们的回复。

12 月 22 日，已是快年底了。因近三个月信用卡中心就划款问题没有任何回复，卡仍在“保护性停卡”中，因此，我再次向信用卡中心客服（662387 工号）打电话了解情况，一问，客服记录上根本就没有记录显示，完全说不清情况，也就是说近三个月来无人过问此事，根本就没有做任何联系落实，更不可能给我一个答复。我感到不解，也不能再容忍，随时给予了电话投诉，并让客服做了记录，一是对划款问题未帮助查找，划款单位和原因不清楚，无法保护卡的安全；二是停卡、开卡解释与实际执行完全不一致，并剥夺了客户的开卡权利；三是三个月无人过问、无人解决、无人答复，严重不负责任。通话时长 21 分多。

12 月 23 日上午 9 时 56 分，一个自称投诉部门负责人的张小姐（664081 工号）打电话与我沟通，对我的投诉进行解释，讲他们如何重视，如何认真，做了大量工作，但对我的三个投诉问题始终回避不谈。

记录中没有，三个月无人过问，何来重视？何来做了大量工作？我对他们这种不负责任的言行和没有诚意的态度不能接受。通话时长 7 分多。

12 月 27 日下午 3 时 27 分，张小姐又打电话与我再次沟通，讲了划款原因（查到是扣税中心划款），但仍然以各种理由，强调他们如何重视，始终回避责任，回避投诉问题。这种不负责任、推诿扯皮、误导狡辩的态度令人不能接受，我明确要求给予道歉。连责任都回避不谈，更没有最基本的道歉。通话时长 13 分多。

12 月 28 日下午 4 时多，张小姐又先打手机后打座机，确认不能（电话）道歉。通话时长约 20 分，已没有必要再沟通。

本来只要客服或部门负责人态度诚恳，如实讲明情况，不是有意、恶意的行为，有一些差错消费者也往往是会谅解的，问题是有差错、有侵权行为都不承认，反反复复地推脱、误导、狡辩，事件的性质就发生了变化，消费者有权要求道歉，维护自己的权益和人格尊严。

（三）第三阶段：认错不道歉（2012 年 1 月 4 日至 11 日）

1. 阶段分析

消费者行为：（1）明确要求道歉（前提要求电话道歉）；（2）不满意服务质量，要求销卡；（3）对不予道歉和销卡时设置障碍极为不满，明确要求书面道歉。

部门负责人行为：（1）对投诉的三个问题无一正面回答，一再误导、狡辩甚至欺骗；（2）对消费者销卡要求设置障碍限制销卡；（3）最终承认客服有责任；（4）对要求书面道歉明确表示不能。

问题核心：（1）知错而长时间掩盖责任、推卸责任，不予认错、不予道歉、不能道歉；（2）1 月 4 日设置障碍不予销卡行为激化了矛盾；（3）1 月 5 日再次要求电话道歉不予道歉后，要求中心对投诉没有结果情况下不要来电；（4）1 月 6 日另一主管来电第一次承认有责任，但对书面道歉的要求于 11 日明确回复不能。

关键词：进一步反映了中心制度与执行，内部管理与领导能力

2. 分析依据

2012 年 1 月 4 日下午，张小姐再次与我沟通，仍然只是抱歉，不愿认错，更不愿道歉，根本没有诚意，对所投诉三件事无一正面答复。通话长达 27 分多，我感觉十分无聊，也非常不理解，明明出现了那么多的差错，消费者已容忍得不能再容忍了，只要个电话道歉都难以办到，还强调他们是如何如何努力帮助消费者做了大量工作，从内心已实在不想与这样的银行打交道了，也不想与他们再纠缠这件事，也不准备用该行信用卡，于是要求销卡。结果，想销卡也不容易，她又千方百计劝说我不要销卡，我坚持要销卡，又设置了障碍，此时，我非常气愤，告诉她我要把这件事解决后才销卡。

1 月 5 日下午 5 时 57 分张小姐又来电话，仍然只是抱歉，不愿认错，不愿道歉。投诉至今对客服以及投诉部门负责人来看仍然只是在“沟通”，

这是他们的工作和擅长，对投诉人来说只是在浪费时间，消费者没有时间与兴趣与客服无聊的多次、反复“沟通”，投诉的三个问题没有一个正面答复，没有诚意，通话时长6分多。我们来看其中一段录音：

投诉负责人（以下简称负责人）：……（讲很多题外话）与你的沟通我也受益匪浅，……

消费者：……你们沟通的技巧很好，你就说这个问题咋解决？

负责人：……我也做了很多工作（强调查询卡的问题），……

消费者：……跟这件事已没有关系，……我投诉的三件事，你没有一个给我正面答复，……

负责人：……你说……（仍然狡辩谈查询卡的问题，极力推卸责任）……

消费者：……我不知道你们想说什么，老想把责任全部推卸，……我给了你们多少次机会，我 很诚恳一次一次给你们说，而且最后没办法才投诉，你专门解决投诉，……但你没有 诚意啊……昨天始终不愿说你们错，……你也不愿说道歉……

负责人：……我有诚意地跟你沟通……

消费者：我明确告诉你，你没有诚意，有诚意就道歉，……你只要有诚意，我不在乎什么，我前面主要是看卡的安全，后边是影响了我的正常的生活和消费，再后来是你们缺 乏诚意，缺乏信誉，三个月无人管，我只能去投诉，而且你们态度模棱两可、推卸责任的做法，我肯定不满意，……你不愿道歉，那就经济上造成的损失咋办？……

负责人：你所说的损失，银行给你咋样的补偿能满意？

消费者：那是另一回事（我其实要的是诚意的道歉），……。我花出这么多代价……剥夺我开卡的权利、消费的权利…昨天我想把卡销掉，现在我还不销，……等这件事处理完再销……。我销卡都销不了……。所以这件事你给我个结果，我接你的电话，没有结果，请你以后不要再给我打电话了，我这几天很忙，我不会接你无聊的电话，我用我的方式维权……我不是很随便的人，我很慎重地提了我的要求……你们就这种态度，我肯定不满意，……我是全程录音的。

负责人：……你要银行咋样的结果才能满意?

消费者：很简单，那你道歉，你如果没有错，就说你没做错不道歉，那我错了，我打扰你们了，我道歉可以不可以？……我不跟你们打交道了，我把这张卡销掉可以不可以？你连这点都办不到，还准备干什么？……我这已经是第几次了？（太无聊、无意义的浪费时间）

负责人：你所要的道歉真的很抱歉，没有这样的流程。

消费者：所以你没有任何错，你只能是抱歉……

1月6日，换了一位信用卡中心投诉部“直属主管”打来电话，她“以个人名义打个电话，主要是说声对不起”（而非道歉）。说她听了之前的所有电话录音，感到他们自己“确实是有问题，这么长时间”，“看到这些我也很诧异”等等，但没有实质性问题和解决结果。我再一次明确告诉她，我对他们推卸责任、不承认事实的态度不满意，本来很简单，前面只要电话道歉就可以了，现在必须书面道歉。并简单讲了这是他们的机构、管理、文化等出现问题所造成的，已不只是个别员工的问题了（作为一个从事多年管理工作的我有明显的感觉。通话时长14分多。我们来看一段录音：

投诉主管：……我是投诉涉及事件人员的“直属主管”，……以个人名义先打个电话，主要是说声对不起（而非道歉）……我听了之前的……录音，我们人员本身是有问题的，……这么长时间，看到这些事我也很诧异，……您能给我们个机会，让我们人员能有机会改善服务，……（讲很多沟通的话）。

消费者：……有些事我可以理解，但我问得很明白，是你（指客服）

没有这个权限还是不熟悉业务？……我不一定要求你们所有人员业务非常熟练、非常到位，这个我完全可以理解，但是你们处理问题……推脱责任的态度、不愿认错的态度我不满意，本来很简单，……你越拖付出代价越高，……前面给我个道歉很简单，现在道歉我一定要有书面道歉，……要让你们记住自己的教训，自己的责任所付出的代价，……

投诉主管：这个我理解，……这不是你的目的，……

消费者：……你们要求客户要有信誉，……你们的信誉在哪里？……已经8次了吧？……每次推卸责任……不愿承担道歉的责任，那我是不会让步的，……

投诉主管：……当时关注的焦点是那笔费用，……通知了后台部门……后台部门人员还没有处理掉……，确确实实是人员自己的问题，……一句道歉也不能让您消火……

消费者：……这（反映的）不是她个人问题，这是你们组织的……管理、认识和处理问题的态度、文化等等带来的问题，不是个人的问题。

投诉主管：……（解释）

消费者：……我不要求每个员工是老练员工……，每个单位都存在这个问题，但是你给我说实话，这个问题也解决了……，你不能老是所有的责任都不愿承担，……

投诉主管：……我也把你之前所有的电话都听过了，……（又讲很多过程、理由）……

……（交流查询划款原因的过程）……

投诉主管：……我们多次给了你其他的方式（?）……

消费者：……没有，再没有别的方式，你查一下，……我把信息反馈回去，……我不可能把(国外)16家都查询，我也不知道他们的电话，……我让你们的人查询，三个月没回话，……

……

投诉主管：……我总结一下，……不管怎样是我们自己的责任吗，……

消费者：你如果说你们愿意承担责任，那什么都好商量，你们如果不愿意承担责任，就不好办，……之前我都有记录、录音，包括现在我是录音的，昨天我也告诉了……

投诉主管：……不担心录音不录音，……

消费者：…既然你们错了，不止一次、不止两次…你就是不愿意认错、道歉，……错了以后还不愿认错，……我不会简单处理这件事，…

投诉主管：……是不是一定要有书面道歉？

消费者：肯定要有书面道歉……

投诉主管：……我觉得跟你沟通下来，不一定要在书面道歉函上，……

消费者：因为你第一次与我通话，前面我已接触好几个人了，……我不愿与你们一层一层来，我没有时间、没有精力、也没有兴趣，……我给他们说得很清楚，没有结果请不要给我打电话，我要的是结果，……是内部道歉、处理的结果……

春节快到了。1 月 11 日，小张又来电话，此时，口气也有所变化，含蓄而回避，通话时长 2 分多。经直接、最终确认，他们对要求书面道歉“不好意思，真的没办法出具”。

因为无休止的“沟通”，而不涉及投诉的实质问题，消费者需要的是结果，三个投诉问题始终没有解决，至少不管愿意不愿意，终于还是被迫承认他们是有责任的。如果是主动认错还可以，但被逼出来的承认有责任而不道歉似乎不符合常理，这是明显的倚强凌弱的强盗逻辑，消费者根本就不是“上帝”，而有错不改错、认错不道歉更是错上加错。

（四）第四阶段：歉意是道歉 礼品是赔偿（2012年3月6日至29日）

1. 阶段分析

消费者行为：（1）两次专门电话咨询、核实了10多个问题；（2）并通过“客服信箱”、“一网通客服在线”再次咨询、核实了有关问题；（3）通过网上“严正投诉”并要求限时解决；（4）要求当面道歉或公开道歉；（5）再次确认负责人听过全部电话录音；（6）明确告知将整理成案例。

中心行为：（1）在咨询、核实中部分问题前后矛盾、自相矛盾或不予答复；（2）玩文字游戏，继续狡辩、误导甚至欺骗消费者；（3）无奈愿意让西安行代为上门道歉。

问题核心：（1）开卡有评估的规定要求，部分问题回答自相矛盾或不予答复；（2）半年多，客服、主管、负责人为了掩盖问题，一再侵权和欺骗客户；（3）期间由不认错到认错，由推脱、误导、狡辩到欺骗，导致投诉升级由要求电话道歉发展到书面道歉、当面道歉无一实现，致使投诉不断升级，中心完全丧失了信任基础。

关键词：中心的投诉管理与监督机制、诚信基础、职业道德

2. 分析依据

从1月11日之后至3月上旬近两个月，信用卡中心始终没有任何联系和态度。事实很清楚，但投诉就是没有结果，道不道歉反而成了最大的障碍！

从我与中心客服、主管人员的多次接触中，越来越感觉到迷茫，有许多方面不但推、拖、误导、狡辩，甚至是欺骗。他们与我一直是在“有诚意的沟通”，通过这样的沟通就是他们用扯皮手段来解决投诉的工作内容，也是他们的特长，我不能陷入他们设置的陷阱中走不出来，需要另辟途径。那么，最关键的是首先要搞清楚他们的一些规定、程序和要求，同

时，要打破这一僵局，争取掌握主动。

于是，专门准备了几个问题于3月6日打电话向客服咨询与核实，通话时长12分多。来看一段录音：

咨询：你是信用部（注：当时我对信用卡中心与部没有区分概念）投诉方面的负责人？

答复：对。

咨询：我跟你们的所有通话都是录音的吗？录音保留多长时间？

答复：对，…这是银行内部的信息，不方便透露。

咨询：我现在也是录音的，问你的问题都是核实情况，……

……

咨询：……信用卡报停后开卡的规定是什么？随时可以报停，……随时电话可以报开卡？

答复：……如果担心卡片安全，……，可随时通知我们作暂时保护处理（停卡），……如果要开卡要看您的交易情况，进行判断。并不是百分之百马上可以开卡，开通要进行评估。

……

咨询：那你与上次（9月16日）的解释不一样，你们的规定是什么？如果要评估需要多长时间？……

答复：……这个要看后台部门的处理情况，……一般需要两到三个工作日的时间。

咨询：……上次报停时说随时打电话可以报开，为什么解释与上次解释不一样？是规定（不一样）还是人为掌握尺度不一样？

答复：……不是人为的原因，银行有银行的规定（不明确回答制度与操作之间出现的问题）。

咨询：……都是你们的人说的，我现在搞不清，你们每一个人说的我都不敢相信，为什么？因为遇到几件事出现问题了，所以我今天是专门要核实几个概念。我相信你是这方面的专家，也是负责人，你前面的人说的是不正确的，是吗？

答复：……（含糊解释，不明确答复），……

咨询：这个跟沟通没什么，我就是问你的规定……。你们怎规定没关系……。

答复：刚才所说的（不愿正面回答）。

咨询：……（我重复讲述具体概念经确认后），那就是你们规定报停以后开卡要经过风险评估程序，一般要两到三个工作日？

答复：对。

……

咨询：如果客服人员违反规定，投诉人是正确的，你们违反规定，（造成的投诉）需要不需要给道歉？

答复：……我们会进行人员的内部处理，但是，……

咨询：我就问需要不需要道歉？

答复：……一般而言，不是由客服直接向客户道歉……（讲很多理由），而是由投诉部门处理的人员道歉，但不是当事人……

咨询：……你（内部）处理以后，我就问要不要给客户道歉？……

答复：我刚才回答你……（回避解释）

咨询：我请你明确回答。

答复：需要内部处理……，向客户表示歉意。

咨询：歉意还是道歉？……

答复：表示道歉和歉意在银行而言是同一个概念。

咨询：在银行歉意就是道歉？

答复：对，在银行歉意和道歉是同一个意思……

咨询：在中文的理解上，道歉就是歉意？

答复：……道歉有很多种……（找理由不正面回答）……

咨询：这个问题不愿回答没关系。如果造成消费者损失要不要赔偿？

答复：我们赔偿的方式有很多。

咨询：有哪些方式？

答复：……（讲其他内容来回避，无法回避下）……一般就是礼品赔偿。

咨询：那叫赔偿吗？礼品就是赔偿是吗？

答复：对。

咨询：再没有其他赔偿？

答复：目前没有。

咨询：对投诉解决有没有时限要求？

答复：……首次联系要求三个工作日。

咨询：道歉的方式有没有明确规定，比如电话道歉、电子邮件道歉、书面道歉等有没有明确规定？

答复：目前信用卡业务处理是通过电话的，……

咨询：是上级规定还是内部规定？

答复：目前……的流程和规定就是这样的。（不愿正面回答）……

咨询：这个问题不愿回答也可以……，如果对你们的管理不满意，……投诉处理不满意……，有没有上级主管部门或者电话？

答复：没有了。

咨询：那你们是最终处理？

答复：我们的处理方案并不代表我们个人。

咨询：你们的处理是最终处理？

答复：对。

……

3月6日的咨询，使我对投诉有了一个新的认识，同时也感觉到虽然这是一个简单的投诉，但决不会很容易就能解决的一个基本判断。

之前，仅仅是单纯的投诉，一是没有想那么多，因为投诉始终无法解决，有些问题始终没有搞明白，而咨询后才发现，从一开始他们就误导了客户，为了掩盖问题，不是实事求是地告诉消费者，而是用无数个错误来掩盖最初的错误。当然，我还是不好判断，因为他们所讲、所做的很多事我已无法信任。二是在专门的电话咨询、核实中，深刻领会了解决投诉问题负责人员的狡辩、玩弄文字的基本态度和水平，而这一刻，脑海里突然产生出一种对中国文字千变万化的理解的灵感和对此事需要有漫长的解决过程的基本判断，随即把对投诉的不满心态，在无奈的情况下突然调整为“静观其变、另类欣赏”的心态，并随即通过该行客服信箱表达了此时的感悟，也表示了要关注、品味这一好的题材并坚持投诉的信心。因字数限制，只能以最简单文字表达此时心境。邮件全文如下：

通过电话已投诉，尚未解决。事情发生于2011年9月16日、9月27日……，借口、回避、推脱……，承诺、制度、解释、管理……自相矛盾，有意思，有好戏，是不错的题材，值得品味。歉意就是道歉？国文理解透彻，十分钦佩！没有信用卡投诉上级主管？不可思议，更值得借鉴。投诉拖不起？不着急，慢慢来，事情总会解决的，这是国情。大家都交点学费。

在3月6日的咨询中又出现了与原解释、表达、理解不同的几个新问题，于是3月7日对这些问题又进行了咨询与核实，通话时长18分多。

在打客服电话时，客服要核实我的身份证，并对我要找的客服“小张”告诉我在三个工作日回复给我。在之前的十多次联系中从来没有要求核实身份证，我问他，是因为我投诉了你们，所以要核实我的身份证还是你们有规定，为什么前面从未发生？内部找一个人需要三天的时间吗？他这才给我找。小张来电话后我又咨询、核实了几个问题。看一段录音：

咨询：你是小张？应该叫你张主任？……

答复：没关系，叫我小张就行了。

咨询：昨天与你通话后还有好多问题需要核实，我对你们的（答复）理解还是有问题。你是信用卡部的投诉负责人？

答复：是。

咨询：是不是可以理解为银行最终解决投诉部门的负责人（我怀疑她不是部门负责人）？

答复：在信用卡方面……。

咨询：信用卡客服上岗前是否要进行培训？

答复：是。

咨询：开卡、停卡应该是基本程序和规定，客服是否非常清楚？

答复：是。

咨询：对客户的介绍、解释是否要负相关责任？

答复：对。

咨询：昨天说开卡要经过风险评估，过去没有说过，不只是你，几个人都没有说过，……这个制度是什么时间开始执行的？

答复：……（解释很多）开通时开始评估……这是个流程。

咨询：这个流程什么时间开始执行的？

答复：很抱歉，……内部信息不方便透露。

咨询：是新调整的还是过去的？

答复：目前是这样，……以后可能改变。

咨询：是因为我这件事开始执行的还是原来就执行的？

答复：在这之前就有。

咨询：……是上级规定还是信用卡内部规定？

答复：信用卡内部的……。

咨询：第四个问题，内部有没有要求客服人员应该如实介绍情况，不得误导甚至欺骗客户？

答复：谈不到欺骗、误导。

咨询：对客户的合理服务要求要及时给予回复是吗？

答复：是。

咨询：你们×行有个“一网通”，如果以电子邮件方式投诉，由哪个部门解决？

答复：是由我们这个部门。

咨询：电子邮件投诉是什么方式答复？

答复：依据客户情况而言，……通过多种方式……（介绍与解释）

咨询：有没有邮件方式回复？

答复：比较少……。

咨询：可以不可以这么理解，客户以邮件方式投诉，可以不以邮件方式答复？

答复：对……（解释）。

……（交流、解释）……

答复：我们是有一个在线客服的平台，……

咨询：……“一网通”有一个投诉的专门栏目……。电子邮件投诉是以什么方式回复？

答复：还是以电话回复为主……（说不清楚或不了解?）……

咨询：你打开网看看，……时间是两个工作日……至少有些是用电子邮件回复，我的理解是以电子邮件来回复，……

答复：目前而言还是通过电话回复，这一块不是我负责，我没有办法对你说（解释不清，不清楚有“一网通”投诉专栏）。

咨询：是你们部门负责，是吗？

答复：对。

咨询：你不是这个部门的负责人吗？

答复：……（混乱解释）。

咨询：你不知道你们银行“一网通”？……

答复：……我们有“一网通”，……

咨询：我就是打开你们网站看到的，建议你打开网站看一看……有很多内容，……你不方便回答或说不清，暂时就结束……，至少你没有回复过？

答复：（不回答，无语）

咨询：……我相信你们的“一网通”应该有几年历史了……第六个问题，如果客户以书面邮寄方式投诉由哪个部门来解决？

答复：还是我们。

咨询：以什么方式回复投诉？

答复：……还是通过电话沟通来回复。

咨询：没有书面回复这一说？

答复：对。

咨询：多长时间？

答复：……首次三个工作日……

咨询：内部邮件登记手续和过程处理有没有规范的制度？

答复：这是银行内部的……

咨询：有没有制度？是否严格执行？

答复：我们有，严格执行。

咨询：客户上门书面投诉由哪个部门解决？

答复：还是我们。

……（交流、解释程序投诉）……

咨询：……如果发生的费用和造成的损失，如何赔偿？

答复：……你所谓的赔偿不就是经济赔偿吗？

咨询：那你还有什么赔偿？

答复：……不好意思，如果经济赔偿目前没有，……

咨询：那你给客户造成损失就没有经济赔偿？

答复：很抱歉，这个没有。

咨询：如果出现有意误导，甚至欺骗客户行为，一经证实，你们内部如何处理？

答复：内部对员工会绩效考核。

咨询：……对客户如何交代？

答复：我们回电道歉，表示歉意。

咨询：是道歉还是歉意？

答复：……道歉表示歉意，……

……

在多次与客服电话交流特别是3月6日、7日两次电话咨询核实中，在许多方面的答复自相矛盾、前后矛盾，我对他们已经没有信任感。因此，3月9日上午，再次通过文字形式即通过该行“客服信箱”、“一网通客服在线”提交咨询来进一步证实。

咨询邮件：“如果感到信用卡使用有安全风险，已通过电话进行保护性停卡，再开卡时，只要电话报开就可以随时开卡还是要经过其他程序？如银行需要风险评估？开卡需要几天时间？”

收到在线客服回复：“很抱歉，无法判断的，麻烦您来电咨询。”

收到客服信箱回复：“尊敬的客户，您好！很高兴收到您的来信。若您有疑问交易担心卡片安全，可来电进行卡片保护，解除保护需根据交易情况风险评估。并非一定可立即解除。具体情况，请您致电客服热线4008205555，按照语音提示输入您的身份证号或卡号及查询密码，再选择“9”转接服务专员为您处理。若有任何关于信用卡的意见和疑问，欢迎致电我行客服热线4008205555，我们将很乐意为您服务！感谢您对××银行信用卡的支持和关注，希望上述的回复对您有所帮助！××银行信用卡中心客户服务部”

从上述回复“解除保护需根据交易情况风险评估。并非一定可立即解除”来看，至少说明他们有制度或程序规定，解除保护要进行风险评估。那么，近半年来信用卡中心几个客服、负责人员一直在隐瞒、欺骗我，他们不可能不知道这一基本程序。

但此时，我对咨询答复无法确认，因为他们有太多对客户不诚实，甚至误导、欺骗客户的言行，尽管经过咨询，我仍然持有怀疑的态度。

在咨询、核实的基础上，3 月 12 日，通过某股份银行“客服信箱”、“一网通客服在线”分别发了可以说是正式的文字投诉——“严正投诉”，并明确表示“本人正在将此事件整理为典型案例以供各界参考”。鉴于网络投诉字数受限，只选择性讲了几个时间与问题，投诉全文如下：

严正投诉 2011 年 9 月 16 日（工号 662110）、9 月 27 日（工号 6939）、12 月 28 日及 2012 年 1 月 4、5 日，3 月 6、7 日（工号 664081，自称信用卡投诉最终负责人）在办理信用卡停卡、开卡服务以及由此开始的投诉中，从采取不负责任的态度、误导客户开始，逐步一再欺骗客户，导致自己不能自圆其说，其行为实属不能容忍！有相关电话录音、文字记载等为证！请核实并将处理结果回复。10 日内无结果将直接向×行总部信用卡管理委员会、服务监督委员会、纪律检查委员会投诉！同时本人正在将此事件整理为典型案例以供各界参考。

3 月 13 日，又一名客服何小姐（工号 660360）来电话，说她是“投诉部门负责人（员）”与我“沟通”。通话时长 1 分多。看一段对话录音：

消费者：你在这里是搞什么工作的？

负责人：我是投诉部门的负责人员。

消费者：你们到底投诉部门有几个负责人？

负责人：我们对不同的渠道，对客户问题有专门不同的负责人（自己有点不自然的笑声)。

消费者：我已经与你们最终负责人通过话了，……

负责人：我看到你反映的这个问题了……

消费者：我有客人，今天有什么事?

负责人：你方便的话，对你反映的问题有不满意的地方想和你沟通一下。

消费者：如果是沟通就没有必要了，你把我反映问题时间段的录音先听一下再说，行吧?

负责人：那我后续再跟你联系。

3月22日，何小姐再次来电话沟通，通话时长14分46秒，是我“严正投诉”限定的最后期限。但仍然没有结果，只是沟通，我告诉她，“你是在履行工作职责，解决不了问题，我要的是结果，不是沟通，我不能信任你们，你们没有诚意，玩文字游戏，我陪你们已经够了”。她一再表示有诚意：“书面道歉不是我们不愿意，但这种方式我们接受不了。”

来看一段对话录音：

消费者：……你是信用卡部的什么人?

负责人：我是投诉部门的负责人员。

消费者：我搞不清你们的概念，投诉部门的负责人员，负责人员是什么人?你们现在说话我已经听不明白了。

负责人：……我专门负责总行反馈客户投诉问题的，……

消费者：前几天与我联系的姓张的是什么人?与你是什么关系?

负责人：张小姐与我是同级的。只是我们负责不同的区块。

消费者：你与我还有什么可交流的?

负责人：我听了之前的录音，……反映的问题与你做一个沟通。

消费者：你觉得沟通有必要没有?

负责人：……之前提到了你的要求，……

消费者：……我是投诉的概念，不是沟通概念，今天是（投诉限期）最后一天，……

负责人：我明白，……希望这个问题能在我这里解决，希望你能相信我们……再给我们……

消费者：我不能相信你们，……而且你的身份你已经解决不了……

……

消费者：你也是从工作出发，你在履行职责，你已经解决不了了，你与她平级。（如果）有结果你告诉我。

负责人：你希望有个书面回复，表示银行有个诚意，我完全理解这样的要求……

消费者：……第一是没诚信，第二是玩文字游戏，……我不想陪你们玩文字游戏，你们没有诚信。

负责人：……给你带来这么不好的感受，……

消费者：这已经不是个人问题，而是（企业）在制度、机构设置、员工培训……方面的问题，……到一定程度你们的行为只有欺骗。

负责人：……说说你的想法？……

消费者：我的想法很明确，你做错了你们道歉，我错了我道歉。

负责人：这个肯定是需要的，……

消费者：不是需要不需要的问题，……前面给我书面道歉，这事就算完了，今天为止，你要有个合理解决，我也可以放弃，但今天以后，……你没有这个权限解决这个问题，……我们都是搞管理的，我能知道你的权限有多大，……

负责人：有的问题不是权限的问题，……像书面回复，……

消费者：……你们讲得很明确，不能书面回复。如果书面回复了，你是否在欺骗我？

负责人：书面回复目前确实没有这样一个……

消费者：……所以你们很多地方自身已经矛盾了，你没办法解决这个问题，……

负责人：……虽然说我们不能给你书面答复，但是希望通过其他方式表示一个诚意，……

消费者：……你可能失去机会了……

负责人：是吗？……

消费者：我与你们交往中，发现中国文字特别有意思，思想豁然开朗了，……我从来没有对中国文字非常感兴趣，……我想把……整理成个东西，至于到什么程度还不清楚……工作多年没想到这么有意思的事。

负责人：……我可能没办法给你一个满意的处理，……

消费者：所以，你没有满意处理我就准备挂电话了…

负责人：……，书面回复可能没有办法给您，但银行处理的态度和诚意希望让你感觉到的，……

消费者：那我再给一次机会，你们不愿意书面道歉，你派人来当面给我道歉……

负责人：我明白你的要求了……

消费者：我给你讲，你们在这件事上肯定是要付出代价……前面你们……一再是推脱、玩弄、欺骗……没有诚意。一个人不行、两个人不行、三个人……你也提到了，正式处理这件事你已经是第四个了，你们没有诚意，……你们越没有诚意付出的代价越大……

负责人：我明白，真的是……

消费者：……我全程都是录音的……

负责人：非常抱歉带来你这么不好的感受，……我希望这个问题能画上句号。

消费者：你画不了。

……（解释）……

负责人：……这件事时间很长了，……给你带来不好的感受，这么做是说不过去了……已经半年了，……

消费者：……第一是你给我结果，第二你让我提一个条件，那你派人来给我当面道歉…… 这是给你第二个机会。中国有句话叫有再一再二，没有再三再四。我对很多事是宽容的，但一旦认真起来，没有结果是不可能的。

负责人：我明白你的要求了， 之前的……处理方式……对这个礼品……

消费者：我不是要那点东西，……

负责人：您是要看到实实在在银行回应和态度，……非常感谢再给我们的机会……这个问题我与相关部门作个评估和处理，后续一旦有处理方式或者回复，第一时间跟你联系。

消费者：……今天是（投诉限期）最后一天……你们是一个庞大的组织，尽管设置上没有专门的机构，但还有十个委员会……我可以作为一个案例，……要求别人讲信用，你们不讲信用，欺骗客户……这（件事）不到上层是解决不了的……

负责人：你给了我们第二次机会，……我们尽快解决，但需要时间。

消费者：你要多长时间？

负责人：……最慢下周初给你个答复。

消费者：那好，我给你们一周时间，……给你一个前提，……之前最终给个书面道歉就完了，……这次可就没那么简单……不付出代价是不会认错的……

负责人：因为书面道歉不是我们不愿意，但这样方式我们接受不了。

消费者：为什么？……

负责人：信用卡中心也是一个电话银行中心，……

消费者：所以，我说你解决不了，……那我找你们上级，……是你们制度设置上的、规定要求的，所以你解决不了。

……

3月29日下午，何小姐再次来电沟通，通话时长10分51秒，表示“安排人员上门”，“让当地银行信用卡部负责人员来”，我拒绝了，我认为无关当地银行。

这次通话我又一次采用“证据覆盖法”（注：详见第三章维权知识中“投诉的技巧”）来锁定证据，特别反复询问负责人，听过要求停卡保护和要求开卡等录音没有，何小姐再次确认听过，并更正了我的一次时间记忆错误，也再次证明她是认真听了全过程录音，知道事实真相。我告诉她，我要几次论证这件事是他们没有诚意造成的。看一段对话录音：

负责人：……我们现在已经在安排人员上门跟你沟通。时间还没落实下来……

消费者：……你意思是你落实的人来和我沟通？

负责人：对对，我们会和当地的负责人员联系后，来上门和你做个沟通，……

消费者：当地的人（来）我不接待，与他们没关系，……

负责人：当地的人也是卡部的，……

消费者：……我没有反映他们的问题，是反映的你们的问题。

负责人：我明白，……

消费者：当地人能解决，我早找当地人解决了，没必要找你们了。

负责人：……我们信用卡中心总部在上海，……

消费者：……当地人来我不接待，我要你们来人，……

负责人：他也是……

消费者：上海的不是？你们不要再给我兜这种圈子…你们是一个庞大的队伍，我是一个个体，……上海来人，……让他们联系可以，……

负责人：……因为信用卡中心……（解释）

消费者：我说一个前提，我现在不能信任你们，你们做的事已失去信用了，……。我不希望你们再来蒙我，……。过了这个时间（投诉限期），沟通可以，但我的承诺失效了，……

负责人：我们多次与你沟通……

消费者：这个已经没意义，……我问你几个概念，9月16日下午的录音听了没有？

负责人：听过了。

消费者：9月21日的电话录音听了没有？

负责人：我这边听到的一个是16号，一个是18号，……

消费者：……还有9月27日的录音听了没有，……你听了我要求开卡的全过程？……

负责人：……你开卡的录音是18号，……

(通话时间我记错了，她给予了纠正。充分证实她听了所有电话录音，对事实完全了解)

……

消费者：……你听了要求开卡的全过程？

负责人：是的是的，我听到了。

消费者：……小张是信用卡部的负责人，……我曾经怀疑她不是负责人，……我确认了两次，她说她是卡部的最终负责人，……所以，你跟我谈的时候，我第一感觉你就没必要跟我再谈了……，你们不可能有两个最终负责人，我只能找你的上级。

负责人：……我能够理解，……确实有不妥的地方……你不信任我们了，……

消费者：人的信誉是很难建立的，建立起来工作有失误，不是恶意的，咱们都可以协商，但没有信誉基础，……我凭什么相信你？……你们已经没信誉，……制度、承诺……，所以没任何意义，我给你承诺的，我负责任，过了这个时间，我不承担承诺责任……。我没有与你们谈的任何意义……，最终负责人已与我谈过了，解决不了这个问题，……我之所以说这么多，是要几次论证、录音记录我所说的都是事实，你们所说的到现在为止，没有一个道歉的诚意，……我要几次录音录下来让你们心服、口服，……这确实是一个很好的案例，……

负责人：为了表示银行的一点点诚意吧，我们希望通过……的沟通……

消费者：沟通的前提是诚意，……如果没有诚意，沟通过来沟通过去，有啥意义？只能是浪费时间，而且，代价越来越大……

负责人：我们还是希望一个当面沟通的方式……

消费者：我已经给你机会了。

负责人：是的，……

消费者：我现在要的是结果，我不要沟通，沟通已没有任何意义，……到现在仍然没给肯定的结果，……

负责人：我们希望……

消费者：……多次确认你们没有诚意，多次电话论证你们是没有诚意……，如果我不是有证据，讲道理，讲到你的什么问题，你们会有诚意吗？……

负责人：……所有的客户投诉我们都是认真的，……都会有圆满成果的，……

消费者：……我现在更不能相信了，……

(反复强调信用卡中心是一家，让当地来人)

消费者：你有诚意你就来，你没诚意就不说这话了，到此为止。

（五）第五阶段：道德现危机（2012年4月18日至7月26日）

1. 阶段分析

消费者行为：（1）书面向总行三个委员会《最后的投诉》；（2）收到信用卡中心“来函”和寄来的餐具“礼品”一套；（3）确认了“来函”为“中心正式文件打印的，非个人来函”，属于非个人行为；（4）向总行发函揭露真相总行无回应，再次寄去《询问函》信件询问；（5）收到信用卡管理委员会以“拒收”为由退回的《询问函》信件。

中心、总行行为：（1）信用卡中心寄来“礼品”、“来函”，不谈投诉问题，只谈承诺；（2）信用卡中心确认“来函”为中心“文件”；（3）总行信用卡管理委员会对《询问函》信件“拒收”退回。

问题核心：（1）向总行投诉希望解决问题，却收到中心领导直接参与，歪曲事实、颠倒黑白、突破道德底线的“来函”，实属不能容忍；（2）向总行《询问函》信件被“拒收”为由退回，实属不可思议；（3）问题不但得不到解决，反而对侵权者包庇、对消费者漠视的态度，是可忍孰不可忍？

关键词：信用卡中心领导职业道德，总行有关机构职责与态度

2. 分析依据

从一开始，我对这件事并不在意，也没有想太多，更没有准备去投诉，我深知国情，也没有时间、兴趣。而投诉后出现的种种情况，让人无法接受，导致投诉从最初的要求电话道歉逐步演变、升级为要求书面道歉、来人道歉无一实现，我已对信用卡中心的诚意和诚信彻底失去了信心，不愿再与他们作无谓的扯皮、浪费时间了，不得不用书面文字向总行投诉。而我也只想向总行投诉一次，于是，于4月18日将整理好的《最后的投诉》信件向某股份银行总行纪律检查委员会、服务监督委员会、信用卡管理委员会分别寄去（因我不知道哪个机构负责解决，客服也不告诉我）。投诉中概括介绍了事件发生的过程事由、证据、问题、质疑、评价、小结、要求等七个方面内容，我希望通过总行干预来加快解决这一问题。全文如下：

我是2010年下半年由新单位出面在×行办理的信用卡金卡客户，至2011年9月16日前，逐渐习惯使用该卡。但从2011年9月16日信用卡在国外的一笔划款开始，导致向信用卡中心投诉无果，问题至今尚未解决，事件性质彻底发生了变化，现向总部相关机构投诉。能圆满解决更

好，不能解决也在意料之中，这只是该事件作为一个有价值题材的结局程序。事件简要概括如下：

一、事由

这是一件非常普通、正常的信用卡服务引发的投诉。由不负责任的态度、无理由的侵权行为、到三个月无人过问的失职渎职、至投诉开始的推、拖、狡辩，发展到玩弄文字游戏、误导、欺骗客户，至客户核实有关问题时前后表述自相矛盾，制度与流程无法自圆其说，致使部分问题无法答复等等。最终仍不能面对事实，态度诚恳给予道歉，而是企图蒙混过关。其言行严重违背了社会公德、职业道德、企业文化精神和相关法律、法规、制度，极大地损害了客户权益，必将导致耻辱性的后果。

二、证据

1. 2011年9月16日、21日、27日，12月22日、23日、27日、28日，2012年1月4日、5日、6日、11日，3月6日、7日、13日、22日、29日等通过×行客服电话（录音）分别与662110、6939、662387、664081、6677、660360等工号客服、后台客服以及“客服部门负责人”“客服最终解决负责人”通话全程录音。

2. 2012年3月6日、9日、12日，通过×行客服信箱、×行“一网通客服在线”提交的相关咨询与回复，以及书面“投诉”和“严正投诉”。

3. 按照9月21日客服后台提供的010—85120895、021—62175539电话联系，又提供的00800—32111111、00421—232111111国外电话联系记录并向信用卡中心客服反馈的电话录音。

4. 其他辅助证据：电话记录、通话单、发票、证人等等。

三、问题

1. 失职渎职。（1）不查明国外划款原因而提供毫不相干的电话让客户打国内、国际长途作无谓的自查核实；（2）划款原因及无理由不开卡限制客户正常消费三个多月无人过问，直至投诉才寻找划款原因；（3）开卡限制及投诉问题至今仍未解决。

2. 侵权行为。(1) 无理由剥夺客户开卡权，影响了客户正常消费；(2) 不满客户投诉，设置障碍剥夺客户销卡权；(3) 为逃避责任，找种种借口剥夺客户知情权。

3. 误导客户。(1) 规定不能书面道歉；(2) 规定歉意就是道歉：(3) 规定只有电话沟通，没有别的沟通方式；(4) 规定可以送礼，不能赔偿；(5) 多次矛盾解释，隐瞒事实和规定，有意误导客户。

4. 欺骗行为。(1) 制度、流程解释前后自相矛盾；(2) 信用卡中心无上级主管，无上级电话；(3) 先后二人自称“投诉部门负责人”、“最终解决投诉的部门负责人”；(4) 内部再无负责人；(5) 自相矛盾问题不作答复或误导客户；(6) 自己也承认事实，但还一再、换人狡辩，误导、欺骗客户。

5. 霸王条款。(1) 规定不道歉；(2) 规定不赔偿；(3) 不销卡。

6. 报复行为。(1) 随意设置障碍要安全评价；(2) 设置障碍不销卡；(3) 不明确告知或答复应属公开内容，而是一步步设置障碍。

四、质疑

1. 为什么从停卡、开卡、销卡到投诉等全过程的每个服务环节都会出现问题?

2. 为什么一个正常而普通的业务处理会暴露出如此多的不顺畅、不协调、不得力、不作为现象?

3. 为什么每一个环节客服都考虑自己的利益，而无视社会公德、职业道德，不惜用误导、欺骗、侵权等手段来对待客户?

4. 为什么受伤害的总是客户 (尽管没有过错)，而受保护的总是责任人、责任单位、责任单位负责人?

5. 为什么每个流程环节都在“尽力、尽责”做无用的工作，而不是“尽职、负责”做有效的、为客户服务的工作?

6. 为什么宁愿践踏企业的“信用”，而不能真诚对待客户?

7. 为什么出现失误、错误不能道歉? 误导、欺骗客户无人处理得到助长？给客户造成的损失规定不能赔偿？为什么一再推、拖、软磨、狡辩而陷入“无限恶性循环”？

8. 为什么投诉问题内部处理不能向客户提供结果，向客户负责？

9. 为什么信用卡中心自称的“最终的负责人”是假冒，而又出来一个“同级别的最终负责人”？

10. 为什么服务只是口号，行为总是背离宗旨，谁来维护客户权益？

五、评价

我不想用贬损的语言来总结、评价这一事件过程，但它确是一件完全真实、自己亲历的事件。面对如此在乎和需要尊严的企业，只能客观的概括总结为“八无一有”或评价为四句话：服务何德？信用何在？领导何能？机构何用？

“八无”：

无理无信：全过程的行短理亏和表现出“彬彬有礼”的自相矛盾狡辩，丝毫没有触动亵渎文明的耻辱感。心中无信，谈何信用？

无德无肆：软拖胡言，欺骗为德？诚信缺失，道德沦丧。有胆无识，在录音监控下竟然明目张胆地剥夺客户权利，误导、欺骗客户，胆大妄为到令人汗颜的地步。

无能无聊：管理平庸，谈何有能？一个部门、一件普通的事情，竟然出现全流程过程、人员、制度等的自相矛盾，领导何能？推脱软磨，不觉无聊？

无果无用：简单的事实，充分的证据，自己听录音后也“诧异”，可还是“一果难产”。打着“信用”招牌，无信无用，形同虚设。

无理非无信，无信非无德，无德必无肆，无肆必无德，无德必无信，无信必无理！

无能有信尚可助也，无能无信尚可教也，无能无德不可救也，无能无肆可除之也！

“一用”：

现代企业管理离不开现代企业管理学、现代企业管理咨询业的发展，而现代企业管理学研究、现代企业管理咨询业的发展，离不开经典案例的分析、佐证。服务投诉是一个永久的课题。这是一个很有价值的、系统的、完美的案例，非常值得在企业管理体制、机制、企业文化、制度建设等方面开展深入剖析研究，尤其是在监管制度、风险防控、责任追究等方面具有现实的指导意义。只此一用，值得一用。

六、小结

——投诉是无奈的，烦人的，耗时的。我本无心情，没有时间也不想在此浪费精力。可在投诉过程中突然发现中国文字竟然如此神奇，有太多的想象、解释空间，也突然给了我灵感，对中国文字和管理学有了戏剧性的、创新性的理解和认识，在客服和所谓的负责人的不断激励与充分素材的提供下，萌发了真想为社会留下一点知识财富的想法，不枉费如此好的题材，如此妙的灵感。这只是我个人的爱好，也是我第二职称（陕西省注册企业诊断师）的责任所在。

——侵权行为过低的成本，不仅全社会为此付出代价，给侵权企业带来了暴利，而且导致了社会诚信缺失、道德下滑，处处充斥着不信任、不文明、不安全的躁动，扭曲了人们的心灵、社会的形象，破坏了社会的和谐。人人都有维权的责任，直至运用法律的手段，为净化社会风气而努力，让侵权者付出应有的代价！

——这是一个典型的“现代商业企业版”的官僚机构遗风尚存在于市场经济下的今日中国的商业银行之中的案例！

——出售和提供“信用服务”的单位在公然践踏信用，金卡客户受到如此“金卡服务待遇”，让人无比愤慨、鄙视！

——我们追求完美，但不强求完美。“诚信为本”是追求完美的基石和根本，如果它在企业的文化理念中没有扎根，只是流于空谈和形式，这将会成为企业的悲哀！

——这是一个永远的污点，尽管它不会因此而改变什么，但通过记载、流传它会向人们证明这个污点的存在，消除污点所产生的代价，让人们引以为戒！一个服务投诉的经典案例正在逐渐成形，不久将浮出水中！

——不要求顾客是上帝，顾客只是你们的衣食父母，善待你们的衣食父母吧！

七、要求

1. 一月算高效，一月半尚可，两月为限，处理结果书面告知本人。

2. 无条件书面道歉＋当面（或公开）道歉。

3. 无条件经济损失赔偿、精神损失补偿。

4. 本人有采取其他单项或多项组合方式解决问题的权利。

我在耐心等待总行的回复或联系。

5月3日上午，正在开会之时手机来电显示有信用卡中心的电话，因我已向总行投诉，没必要与中心再联系，所以未予理睬，两次之后看我不接也再没有来电话。过了一会，收到信用卡中心客户关系室经理小崔用手机发来的一条信息，全文如下：

“师老师，您好！冒昧打扰，我是××银行信用卡中心客户关系室的经理小崔。受总行领导指派，想和您沟通一下来函事宜。刚才打您手机，可能您正在忙，不知今天上午您是否有空，可以的话我过半个小时再打过来，谢谢！”

从短短的信息中可以看出，总行收到了我的投诉并对信用卡中心做了要求。但仔细分析，内含了很多其他含义，也透露出信用卡中心对投诉的认识、态度和一贯作风：总行很重视，他是总行领导指派的,想和我沟通来函而不是投诉事宜，投诉到哪里还是要他们来解决。对于信息我仍然未予理睬。看我未回信息，再也没有来电话。

5月24日下午，收到该行信用卡中心寄来快递，内有一封两页无标题信件（以下简称“来函”）、一套四件套刀叉餐具和一张联系人名片。没有想到的是，看了他们歪曲事实、颠倒黑白的“来函”，使人感觉到在这个世界上没有了诚信，没有了人格尊严，没有了道德底线，没有了现代文明，处处充满了谎言。“来函”中还说“我们曾多次致电给您，可能您不方便接听，无法和您进一步沟通。”真是匪夷所思！我们之间的“沟通”还不够吗？连打两个电话未接就是“无法和您进一步沟通”吗？

一个知名企业、上市公司，负责信用卡服务的中心，应该是讲信用的地方，竟然有这么一些不讲事实、不讲道理、缺乏基本道德底线、睁着眼睛说瞎话的人。

给总行的投诉本来是解决问题，而“来函”不但没有诚意，根本没有道歉的含义，完全是不知羞耻的自我标榜，在第一页中大讲他们如何如何努力，大有邀功请赏之嫌，深受委屈之意，至少有 9 个地方颠倒黑白，歪曲事实，把侵权者粉饰为无辜者，投诉人在无事生非。第二页是信誓旦旦的承诺和企业文化与业绩的宣传，“我们一直秉承着“因您而变”的理念，致力于为我们的客户提供最优质、最舒心的服务”。我想，这不是总行的意图，可能是他们迫于总行的压力，不得不回复，但又不情愿承认事实，使得自己被动。而且，从文体上看来函没有名称（抬头），没有加盖公章，似乎在有意回避隐瞒，一旦作为证据摆在“桌面上”，他们还可以以某个客服个人行为来为今后继续狡辩留下伏笔，搪塞推托责任，这正是他们的作风特点。

因此，5 月 28 日我专门向客服经理小崔通过发信息核实，以留下文字证据，让他们无法有其他解释。信息内容如下：

发出信息：“来函收悉，现核实：是信用卡中心来函还是个人来函？为什么没盖公章？你是联系人？请示领导，明确回答。”

收到信息：“师先生，我是负责客户关系维护的经理，也是本次您反馈问题的联系人。我们是真的很重视您的感受，我能否有机会和您电话沟通一下？×行小崔”

发出信息：“答非所问到何时？此情已过无来日。”

收到信息：“人非圣贤，孰能无过。知错能改，善莫大焉。您如果不愿给我们机会，一定是太失望了，我能理解。这份来函是以卡中心正式文件打印的，非个人来函。需要我做什么，您随时联系我。”

发出信息：“谢谢！我不愿让更多的人做替罪羊，这样的领导太无能了。”

为了向总行揭穿他们的行为，5月28日在核实“是中心正式文件”的“来函”后，我把他们寄来的“来函”（9处谎言做了注明）复印件、餐具一并寄给了总行上述原三个机构（餐具实物一套寄给该行纪委，其余为影印件）。其中，做了注解的“来函”影印件如下（见47、48页）。

同时还附了一封了《请面对事实、面对道德讲出真话！——对“最后的投诉”信用卡中心之来函给总行的回复》（注：以下简称《回复》）和对5月3日收到信息以《信息解读与反馈》。信件全文如下：

请面对事实、面对道德讲出真话！

——对“最后的投诉”信用卡中心之来函给总行的回复

×行纪委、服务监督委员会、信用卡管理委员会：

现将5月24日下午收到的信用卡中心“来函”（不知如何表达）复印件及随函寄来的四件套餐具一套一并寄去，顺便将5月3日发来的电子邮件及邮件、来函点评寄去，请一并核收。之所以如此，实有三不知：

一不知“来函”何意？从文体上看，无题无章，似内部情况反映和对外统一口径之通稿；从内容上看，有邀功请赏之嫌，深受委屈之意，且有信誓旦旦之承诺，并未提到投诉问题如何解决的实质内容；从文字水平看，不愧为出自“白骨精”之手，领导润色、把关不少。但似乎无骨、无形，也缺少灵魂——“德”的支撑——做文章和做人的道德的支撑。通篇

信用卡中心
Credit Card Center

尊敬的师万雄先生：

您好！非常感谢您选择并使用■■银行信用卡。对于您自一直以来对我行的关注和支持，我们深表感谢！

2011年9月16日，您来电反映信用卡发生一笔境外疑问交易，金额为$209.70美元。我们接到您反馈后立即进行调查，发现该笔交易为境外退税中心发起的退税补账交易。根据国际卡组织相关规定，在常规情况下此类问题需要客户直接同商户沟通协商处理，银行作为支付端无法介入，因此我们在查询到此情况后第一时间告知您调查情况和处理方案，并提供了该退税中心的联系方式。

在了解到您同退税中心的沟通存在困难时，我们也非常重视，安排了专人主动致电退税中心，协助您进行沟通，终于了解到该笔退税补账的具体原因：因您当时办理退税的相关资料没有海关盖章，不符合退税流程，因此退税中心按照未完成退税手续而补扣了相应费用。如您对此还有其他疑问，可随时与我们联系，我们将协助您进行进一步调查。

在此次账务问题的处理过程中，因为个别人员在卡片保护解除方式和账务调查方面未能向您说明清楚，给您带来了误解和不愉快。我们一直希望通过进一步沟通和诚恳地致歉能获得您的谅解和信任，在您反馈后曾多次向您去电表达歉意，对于涉及人员也作了相应的处罚。

在近一个月中，我们曾多次致电给您，可能您不便接听，无法和您进一步沟通。在此，我们再次向您诚恳致歉，并承诺：

1、关于退税补扣问题如您尚有任何疑问，我们将协助您进一步调查。

2、因您信用卡出现过疑问交易，目前卡片还在保护状态，只要您同意我们将尽快为您办理保护解除手续，您的信用卡可恢复正常消费。

3、如您不放心该卡曾出现疑问交易，我们也可为您换发新卡，并通过快递寄送给您，换卡和邮寄费用均由我中心承担。

4、我们非常希望能重新获得您的理解和信任，如您愿意，我们负责西安地区的主管将上门拜访您，当面向您致歉。

银行成立25年了，这25年来，因为有如太阳般的客户，我们这朵小葵花才能茁壮成长。所以我们一直秉承着“因您而变”的理念，致力于为我们的客户提供最优质、最舒心的服务。信用卡的确还不完美，我们愿意始终从客户的角度出发，不断改进流程、完善服务。您的批评和意见都将成为我们不断改进的宝贵依据和努力完善的源泉。我们真诚地希望能一如既往地获得您的信任与支持，并在今后有机会为您提供更优质的服务。

随函附上我们的联络方式和一份心意，您有任何问题或宝贵建议都欢迎随时和我们联系。祝愿您和您的家人幸福安康、吉祥如意！

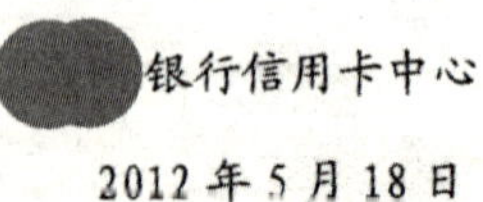

2012年5月18日

看不到诚意，找不到诚信，倒是把侵权者粉饰为无辜者，投诉人在无事生非，全是歪曲事实的鬼话、假话！

二不知寄来餐具何意？曾多次明确表示不需要礼品，需要的是诚意。这岂不是强加于人、强人所难、强盗逻辑吗？千里送鹅毛，礼轻藏何意？无功不受禄，无德风骨软！

三不知×行“因您而变”的理念是建立在什么基础之上？不需要道德、诚信、人格的奠基？别人怎么说并不可怕，自己人颠倒黑白、歪曲事实、瞒上欺客、不知羞耻的行为已达8个多月的时间竟然畅通无阻，越走越远，这不奇怪吗？这就是“因您而变”的精髓所在？

对这样的单位和人，我们还有讲客气、讲文明的必要吗？我们在讲道理的时候，你们已经不讲道德了；我们在讲证据的时候，你们已经不顾事实一只手在送礼，一只手在遮天，一张嘴在大喊我仁义、我道德、我“因您而变”，我还有良知！我们在展示人格的时候，你们已经找不到“人格”二字，而是用卑鄙的歪曲事实手段来侮辱我们的人格！纵容吧，为了你们共同的理念和理想！宽容吧，道德约束无效之外还有法律的屏障！投诉维权又进一步演变成为道德维护，不是前进了，而是回到了区分人性与道德善恶的原点，揭开华丽的伪装现出了原形，这就是你们的本质！社会不会因为你们而进步，人们却会因为你们的所作所为而去不断维护社会的健康发展！

我想，信用卡中心的领导该出场表演了！我愿意奉陪到底，愿意把事实真相、缺德行为的所有证据公布于众。让这些人付出代价，帮他们找回人格，让社会少一点欺诈！

本人承诺期过后，将委托三地高校法律专业在校学生互动讨论并代为诉讼，也为他们提供一个认识社会、奉献社会、开展社会实践活动的案例锻炼机会。也将组织三地经济或企业管理专业在校学生，解剖案例，研究讨论有关企业道德、企业文化建设和企业咨询对企业发展作用等的新问题。（注：原拟在西安、上海、深圳三地开展，考虑到网络风险而放弃）

人们对今年央视“3·15”晚会曝光的××银行信用卡中心风险管理部胡某出卖客户资料的事件还记忆犹新，而他们几个月来还正在制造一起涉及内部人员更多、领导直接参与其中的违法侵权、歪曲事实、瞒上欺客、丧失道德的事件，让我们拭目以待“因您而变”的事实的公布！

(时间、署名省略)

寄出信件之后，我看他们还采取什么手段。

很长时间销声匿迹，无人回应，无人联系，无人解决。

到了这种地步，再难也要走下去。最后的办法就是通过法律诉讼解决，尽管我也不愿走到这一步。

我开始咨询、了解和做诉讼的前期准备工作。期间，一方面为了有时间准备，另一方面，我想再核实一下总部有关机构是否收到信件，是什么态度。于是，7月10日向总部上述三个机构发了一封《询问函》，询问此事是否落实有关机构来解决？进展如何？并咨询客户有没有对下属单位问题向上级单位投诉的权力？总行有没有调查、澄清、积极处理的责任？如总行有反馈的义务，要求总行履行反馈义务。《询问函》全文内容如下：

本人于4月18日向贵行以上三机构就信用卡中心服务问题发出了《最后的投诉》，5月24日收到信用卡中心“来函”，本人于5月28日再次向贵行三机构发出《请面对事实、面对道德讲出真话！——对“最后的投诉”信用卡中心之来函给总行的回复》。向贵行三机构投诉已两月有余，未收到贵行三机构的任何信息。今特咨询并确认以下问题：

一、 投诉是否落实其中的某机构负责处理？进展如何？

二、作为金卡客户是否有权利对贵行下属的信用卡中心多次投诉无果并遭到恶意歪曲事实情况下向总行投诉？

三、总行是否对投诉人所投诉的问题有调查、澄清、积极处理的责任和向投诉人反馈信息的义务？

在此，本人明确提出要求，请总行认真履行自己的责任与义务。如果总行无此职责与义务，可不作答复；如果5个工作日内没有答复，本人将视为总行无此职责与义务或总行不愿履行此责任与义务。

没想到，不但仍然没有收到任何信息，反而于7月26日收到某股份银行信用卡管理委员会以“拒收”为理由退回的《询问函》信件(见59页)。这也再给了我新的证据，收到信件，拒收退回，置之不理。真是大行，够牛气。也让人充分理解了信用卡管理委员会就不是讲信用的地方。

于是，联系、咨询律师，他们建议可先发律师函。

（六）第六阶段：法律助维权（2012年8月2日至9月13日）

1. 阶段分析

消费者行为：（1）律师向总部发《律师函》；（2）与信用卡中心副总沟通无果；（3）询问中心领导“拒收”退回信件原因并了解此事总行负责机构。

总行行为：（1）（派)信用卡中心一副总上门来沟通、解释，寻求变通解决投诉问题；（2）口头勉强道歉，缺乏诚意，更没有书面道歉；（3）解释退回信件为一新员工所为（非常低级的理由）；（4）投诉由服务监管委员会负责。

问题核心：（1）总行收到律师函，信用卡中心领导上门协商，属于被迫行为，并不代表有诚意；（2）没有书面道歉（前提），变通解决问题更说明缺乏诚意；（3）金钱可解决很多问题，但金钱不是万能的。

关键词：总部有关机构职责、监管机制与作用发挥

2. 分析依据

从2011年12月22日算起，先后仅直接、有内容的电话投诉、沟通、核实等等就有10多次，网络、书面信件投诉2次，出面解决投诉的负责人（员）就有4人，仅通话时间累计大约200分钟，但事与愿违，投诉问

题不但没有得到解决，反而在不断升级。在投诉全过程中，越来越看清了靠他们内部制度、内部监管和基本的职业道德来解决投诉问题是不可能的，也不能再与他们“打太极”了。看来，只有走通过法律来维权一条路了？

8月2日，律师告诉我《律师函》已发出。全文如下：

律师函

致：××银行股份有限公司

北京金诚同达律师事务所西安分所（以下简称“本所”）接受师万雄先生的委托，就师万雄在使用贵行信用卡过程中存在的问题，郑重致函如下：

一、本所律师了解到的情况

2010年下半年，师万雄所在单位为其办理了贵行的“××银行信用卡金卡”。2011年9月16日因该卡被国外机构划款209.70美元，为了解和解决该问题，师万雄先生及时致电贵行4008205555客服电话咨询后进行了停卡保护。几日后按照贵行客服信息指示拨打010-85120895、021-62175539、00800-32111111、00421-23211111等国内国际长途电话联系，咨询、解决其信用卡被扣款的相关问题，因本人无法解决，又向客服反馈要求贵行帮助解决，而三个多月无人解决。期间于2011年9月、12月，2012年1月、3月曾十多次致电贵行4008205555客服电话，分别与662110、6939、662387、664081、6677、660360号等客服咨询，并因三个多月无人解决及服务缺陷进行了电话投诉，也曾通过贵行客服信箱、“一网通客服在线”提交相关咨询和投诉。

期间，客服以“建议保护”为由拒绝了开卡要求，限制用所持信用卡进行交易。因为投诉原因，客服对其再次开卡、后要求销户等又设置障碍，给用卡乃至生活带来极大不便，对其相关咨询答复前后矛盾或不予答复等等。为此，师万雄先生于4月向贵行总部相关机构对信用卡中心进行了书面投诉，至今未能解决，贵行信用卡管理委员会还将其询问信件拒收退回。

二、本所律师分析意见

本所律师认为，贵行作为国内最具影响力的商业银行之一，自1987年建行以来，一直以优质的客户服务和良好的经营业绩著称。尤其贵行信用卡客服中心早在2004年就被中国信息化推进联盟CRM专业委员会授予“2004年中国最佳呼叫中心”，2005年更是成为国内首家“五星级客户服务中心”。贵行取得的各种成绩和荣誉，不仅取决于贵行的努力，也是和多年来广大客户的信任和支持密不可分的。

作为贵行信用卡金卡客户，师万雄先生在遇到境外划款的特殊情况后，由于对此可能产生的后果不了解，因而立即与贵行客服联系，希望得到贵行的明确答复和妥善服务。然而师万雄先生的正常服务需求不仅没有得到应有的响应，甚至遭到贵行客服人员多次地推诿、误导乃至欺骗。贵行在划款发生三个月并在师万雄先生投诉之后才了解情况，告知客户划款交易产生的具体原因。在师万雄先生咨询、投诉期间，贵行对其相关内容的咨询答复前后矛盾或不予答复，根据《中华人民共和国消费者权益保护法》第八条的规定，该行为严重侵害了消费者的知情权。对其所持有的信用卡进行消费限制，设置障碍致使其不能开卡或者销户，根据《中华人民共和国消费者权益保护法》第九条的规定，该行为严重侵害了消费者的自主选择权。

本所律师认为，贵行作为国内以服务著称的知名企业，在此事的处理上存在以下不当之处：

1. 对于客户的正常咨询不予解答，而是要求客户自行向其他机构了解情况，且提供的咨询电话完全错误，这一点明显具有推脱责任，拒绝服务之嫌；

2. 客服人员对于客户咨询解释不清，自相矛盾甚至相互推诿，不仅存在服务质量低下的问题，更有悖最基本的诚实信用原则；

3. 面对客户投诉不能有效反馈并妥善处理，在反复纠结于道歉方式的情况下，以邮寄套装餐具的形式试图消弭矛盾，平息纠纷，导致客户不满情绪加重。

4. 作为信用卡管理委员会对客户的询问信件予以拒收退回不能理解。

三、本所律师建议

本所律师认为，贵行在处理师万雄先生咨询、投诉事项中，未能体现出贵行应有的服务水平和诚意。师万雄先生作为一名企业管理者和管理咨询专家，曾就此问题花费大量精力与包括贵行总行、信用卡中心等机构多次联系、投诉，本身应是对贵行服务的一个检验和督促，遗憾的是，贵行未能采取有效方式妥善对待此事，这不仅有违贵行优质服务之宗旨、社会公德、职业道德和相关法规制度，也伤害了师万雄先生对贵行的信任和感情。从事件的整个过程看，也不是个别客服的偶然过失所致。

为避免激化矛盾，本所希望贵行以审慎、认真的态度对待本函，在接到本函后及时与师万雄先生联系，安排信用卡中心专人至师万雄先生处专程致歉，以取得客户的谅解。如贵行对此置之不理，或仍采取推诿、拖延的态度处理此事，本所将接受师万雄先生的委托，通过法律途径追究贵行的法律责任，由此可能会给贵行造成严重的声誉损失。

上述意见请贵行慎重考虑！期待此事能够圆满解决。

特此致函

北京金诚同达律师事务所西安分所

律师：××、×××

二〇一二年七月三十一日

8月24日上午，突然有某股份银行西安分行信用卡部的两位年轻同志来拜访我，我问他们什么事。他们说是×行信用卡中心给他们打来电话，让他们来向我表示歉意，我问为什么？他们说“×行是一家，……我们有责任”。他们有什么责任？经确认他们是三天前才知道这件事，而且只知道投诉的事，不知道“律师函”的事。我告诉他们：“我没有投诉你们，你们没必要、没义务承担责任，我也不需要你们的歉意。”他们只是来先打个招呼，他们的领导在外地，回来后要来拜访我。从听到他们是×行的，我就告知他们，我对×行不信任，我们的谈话要录音。

9月4日下午4时48分，西安分行信用卡部经理来电要约见我，我告诉她本周我没有时间，下周再说。

9月5日下午，我刚从外办事回到办公室一会，分行信用卡部经理赵总一行3人就来到我办公室，表示道歉并协商总行信用卡中心一副总拟来西安要面见我的时间。因本周工作已安排，约定下周一联系再定。

9月10日（周一）上午，西安分行信用卡部赵总来电，约定周三上午见面。

9月12日上午，在西安索菲特咖啡厅与总行信用卡中心黄副总经理、西安信用卡部赵总一行见面。黄总来的目的是解决问题，解决问题的前提应该是书面道歉，这在我的书面投诉中很明确。但见面时，首先谈的是他们自己的发展、理念、业绩等等，逐步谈到这件事时，表示他们是认真、负责的，但内部的一些情况、原因等可能造成了“误会”。对×行我已没有信任可言，见迟迟不谈道歉问题，我问他是代表总部还是代表中心来的(我让他们上门道歉时他们不愿意，是向总行发出律师函后信用卡中心联系要上门的，因此不知道他代表谁)？来的目的是什么？黄总才说代表中心，口头勉强表示了一次明确的道歉，而其后的交流中要么是含含糊糊的“道歉”，要么是委婉、迟疑的“歉意”，实际上是不想道歉，但不得不表示歉意。在交流中我问此事由哪个机构负责，他告诉我是服务监督委员会，我又问为什么信用卡管理委员会“拒收”退回信件，他说是一个“新来的员工不知道内容退回的”（一个非常低级的理由）。我给总部三个机构发的函，只有一个机构退回，难道新来的员工专门退回一封“不知内容”的书信？见面约半个多小时，见面时我带了本书的最初草稿，只有三四万字，比较简单，并告诉了他们，当时书名是“主张投诉”。

9月13日上午，赵总又约当天下午4时在唐华宾馆见面。下午4时在一楼大厅见面时他们要求以变通的方式给予赔偿，并提出了一个数额还说可以提高，不然他们内部不好处理，提出也可以安排出国等。在谈的过程中，我感觉他们的交流缺乏诚信、诚意前提，与他们很难沟通，根本不谈书面道歉，只是想用金钱来解决问题，我也不愿提出赔偿数额要求与他们讨价还价。金钱不是万能的，连基本的道歉都不愿意，基本的诚意都没有，事件的解决就没有了意义。中国人爱面子，信用卡中心领导不管愿意不愿意、主动或被迫还是上门协商来了，我得给这个面子，只要不是明显的谎言均未予以反驳。但我不愿意为此再浪费时间，交流难以进行，我问他中心给我的“来函”与他有没有关系，他说没关系，我说那好，“这件事你解决不了”。协商没有结果，之后×行也再没有任何联系。

两次见面有一个多小时，我带了录音机并告知他们要全程录音。

（七）第七阶段：谎言何时休（9月14日—?）

1. 阶段分析

消费者行为：（1）修改、完善书稿，并增加“维权概念”部分；（2）2013年3月15日向总部三个委员会发《告知书》，告知书稿基本完成，以避免误解；（3）收到两个委员会退回信件。

总行行为：（1）信用卡管理委员会、服务监督委员会又以“无此收件人”为由退回《告知书》信件；（2）总部仍然没有任何回应。

问题核心：（1）总部始终没有任何回应；（2）两个机构再次退回信件，无意中揭露了上次退回信件的解释是谎言，也暴露出内部的混乱与矛盾；（3）再次退回信件反映出该行对消费者的一贯态度；（4）作为负责解决此事的服务监督委员会缺乏基本的职业素养与责任。

关键词：企业文化、服务理念、社会责任担当以及对待投诉的基本态度

2. 分析依据

2013 年 3 月 15 日上午，也是“国际消费者权益日”，通过传真（0755—83195555，自动接收）向某股份银行总部发了《告知书》，同日上午通过邮局向×行纪委、服务监督委员会、信用卡管理委员会也分别发了《告知书》。全文如下：

告 知 书

×行纪委、服务监督委员会、信用卡管理委员会：

对贵行信用卡中心 2011 年 9 月始的侵权事件从宽容默认到电话投诉、在线与电子邮件投诉，发展到向总部三个委员会书面投诉并书面函询，最后至通过律师发出律师函。时至今日未见总部回应，该问题已有一年多尚未解决。

由于这一事件的真实性、完整性、典型性，最初拟将此整理成为一个管理咨询案例，但随着事件的发展和资料的充实，不断提供了写作的动力，也进一步拓宽了思路，现已初步完成了《中国式维权——现代服务业维权概念、知识、案例分析研究》一书（注：当时的书名），在此顺表谢意。本书约 10 万余字，专门研究现代服务业侵权与维权社会现象及相关问题，预计年中出版。书中涉及了三部分内容：维权概念（关于侵权、规则、界限、道德、成本、道歉、赔偿、维权等）、维权知识（包括投诉成因与心态分析、投诉知识与技巧、破解维权难新思维与方法等）和维权案例（以信用卡中心服务质量、态度延伸到企业机制、制度、管理、文化、职业教育与道德等分析）。

鉴于本人偏重于工业企业科技创新与服务体系建设研究，第一次涉足现代服务业并从社会管理学角度研究“侵权容易维权难”这一社会现象及相关知识问题，深感力不从心，但作为一个侵权受害者深有切身感受。为此，基于以事实为依据，力求站在客观、公正的立场，从社会管理学研究与咨询案例分析的角度出发，尽力采取保守的用词，准确表达分析之结果。但由于在与信用卡中心有关人员的多次交流、咨询中，给予了自相矛盾、误导性解释和不明确答复等原因，加之本人水平有限，难免分析结果出现偏差，有诸多认识不到、表达不妥之处。然本书的出发点、落脚点是想为社会的文明、健康、和谐发展作一点贡献，本人也为此付出了最大的努力。为表明书中内容的真实性，更具说服力，在案例分析内容中收录了与贵行的电话录音（记录、有关节选）、全部往来电子邮件、书信等原件或全文和实物照片，为避免造成不必要的误解，特此告知贵行，望贵行予以理解和支持，对不妥之处予以谅解。

专此。

（时间、署名略）

3 月 29 日，又收到由该行信用卡管理委员会、服务监督委员会退回的《告知书》信件两封，这次退回信件的理由是“无此收件人”(见59页)。究竟是继续无理对待消费者的投诉还是自愧无颜面对消费者的投诉？从×行信用卡中心唯一书面白纸黑字曾经的“来函”中“我们一直秉承着“因您而变”的理念，致力于为我们的客户提供最优质、最舒心的服务”的自我标榜或宣传承诺来看，总部两个机构两次退回信件至少说明了几个问题：

一是，上级机关用事实揭穿了下级关于第一次“拒收”退回信件是“新来的员工不知道内容退回的”解释又是一个谎言！

二是，消费者要投诉信用卡中心的渠道在哪里？上级主管部门的职责和义务又在何处？

三是，《消费者权益保护法》中赋予消费者的权利如何保障？“法律”的尊严如何体现？

四是，《消费者权益保护法》中规定的“经营者的义务”在他们眼中又“价值几何”？

五是，“因您而变”理念精髓是什么？两个“委员会”遁形消失了吗？

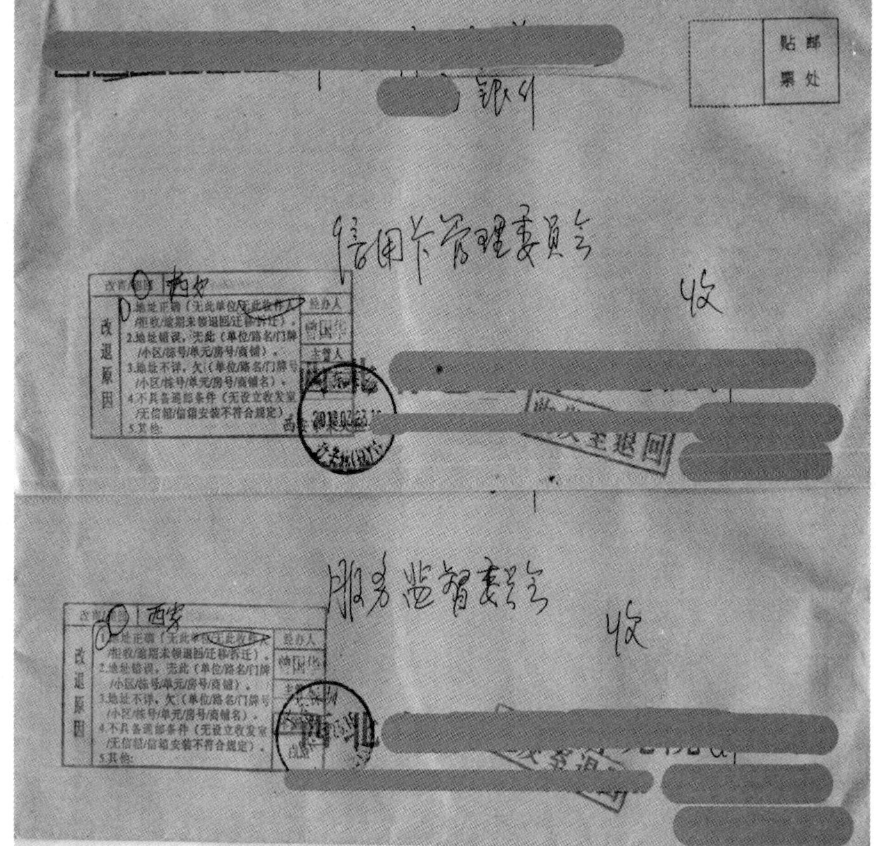

两次退回三封信件影印件

（八）小结

反思这件事，客观地讲，最初，我对他们还是抱着信任和信心的，认为只是个别员工的能力、责任所致，随着事件的发展，我的认识也在不断发生着变化，由疑惑到怀疑、信任到不信任、可容忍到不能容忍。我不断思考，为什么他们从信用卡中心个别员工到负责人（员）、到中心领导敢于面对事实说谎造假，到最后的无诚意的口头道歉，总行两个委员会为什么能两次以匪夷所思的理由退回信件？在形成本书的研究过程中，我更加明确地认识到，这不是一个个别的、个体的问题，而是一个企业在文化、理念、管理和职业道德等方面的综合体现。企业的特有文化，造就了特有环境，特有环境容忍、容许、纵容、催生了这样的事件，也改变了员工甚至领导的思想、道德和理念，在重重管理和监督之下发生这样的事件就在情理之中，就不难理解了。

已经走在法律维权的边缘了，但法律能方便、有效、有利于消费者吗？我不想走进去，至少没有时间去寻找要得到的东西，更不愿得到不想要的东西。

对我而言，更重要的是，通过这一案例分析，希望唤起更多人的维权意识，了解、掌握更多的维权知识与技巧。我相信，只要人人维权，就一定会为我们共同创造出一个更好的消费环境。

三、案例测试分析

上述案例阶段分析中，我们还可以看到，除了继续投诉与取证外，有些过程实际上还具有一定的针对性，即通过测试分析方法，对总行三个有关机构进行测试，以进一步咨询、确认有关机构的职责、义务、责任、态度、管理效能、监督措施以及向他们反映事实真相、履行告知义务等目的与作用。

可以确信，在有电话投诉、邮件投诉、书面信件投诉以及告知通话、当面协商是全程录音并几次告知将此整理成案例的前提下，总行有关机构及中心的表现应该是正常的、真实的、审慎的。结果也与预想的是一致的，在上述“案例阶段分析”中，至少做了四次测试，其中三次没有正面回应，两次有不负责任的信件退回，一次因慑于法律诉讼带来负面影响做了回应，被迫派中心一副总经理上门协商，但缺乏承认事实、承认错误、诚恳道歉和只想用经济手段解决问题的基本态度。也一再反映出总行有关机构一贯的作风与态度，两个机构再次退回信件也无形中揭露了中心领导解释的谎言，更暴露出监管机构自身深层次问题。测试分析如下：

（一）信息反馈测试

1. 测试目的

向总行三个有关机构发出的书面信件，对信用卡中心颠倒黑白、歪曲事实的“来函”指出其九处问题，明确要求讲出真话的《回复》以及“信息解读与反馈”等信函，一方面是让总行了解事实真相，做出正确的判断，另一方面是在总行了解事实真相的前提下，测试总行有关机构对投诉人书面信件反馈问题的态度。

2. 测试结果

总行有关机构无任何反应（馈），信用卡中心从此没有任何信息。

3. 结果分析

内部对下级隐瞒事实真相如何核实、如何处理是一回事，但对消费者，自己不予解释、无言推脱，又不要求信用卡中心认真面对，既不是办法，也是不负责任的表现，问题更不会自己解决，反而反映出有关机构对待消费者投诉的基本态度和基本作风问题。

（二）询问咨询测试

1. 测试目的

为了明确了解总行的职责、责任与义务，同时为了使投诉期间空白段的时间间隔不要太长，向总行三个有关机构通过发《询问函》方式，咨询、确认他们是否“有调查、澄清、积极处理的责任和向投诉人反馈信息的义务?”

2. 测试结果

总行三个有关机构仍然没有回应，而信用卡管理委员会以“拒收”为由退回信件，信用卡中心也无任何信息。

3. 结果分析

进一步确认出三个有关机构对消费者有证据、理性的投诉维权行为根本不屑一顾；对信用卡中心的不道德行为至少表现出不愿公开、不愿对消费者承认的基本态度，甚至给予保护的嫌疑；信用卡管理委员会以“拒收”为由退回信件行为更是消费者不可理解，自身职责、基本素质、基本常识所不能允许。

（三）法律诉讼测试

1. 测试目的

在证据充分、理性维权无法解决的情况下，通过法律诉讼的前期手段即发“律师函”方式测试对法律诉讼的反应。

2. 测试结果

派信用卡中心一领导代表中心主动上门联系，协商以经济赔偿或安排出国等方式变通解决问题，但未提及书面道歉。

3. 结果分析

有所顾忌，引起重视，但从协商的过程看，缺乏诚意、缺乏诚信。大谈他们的发展、业绩、服务理念，在投诉人明确问及他来的目的时，才不得不表示了一次“道歉”，根本没有提到书面道歉，而这已是解决投诉的前提。

由于是上门协商，中国的文化还是要给面子，只是对明显的自相矛盾之处给予反驳。在此时，只要不面对事实，作任何解释，必然是难圆其说、自相矛盾的。同样，经济手段能解决很多问题，但不是所有问题都可以解决，如果是那样，这个社会的管理就简单多了。

（四）案例告知测试

1. 测试目的

律师函给了他们压力，但没有大的作用，他们并不害怕诉讼，也曾多次明确告知将此整理成案例，他们也不在乎。因此，案例与书稿基本形成后，专门向总行通过传真和分别对三个有关机构发出《告知函》书面信件，一是看他们对此案例及书稿的出版有何反应；二是告知案例及书稿已初步形成，基于了全部事实，以免产生误会。

2. 测试结果

三个有关机构没有任何信息，其中信用卡管理委员会、服务监督委员会以“无此收件人”为由退回信件，信用卡中心也再无任何联系。

3. 结果分析

按正常管理程序，书面传真应该在当天内作为接收外部文档分别转给或批转给三个有关机构，或至少转或批转给主办机构，也就是说，三个机构或至少主办机构在收到书面信件前已看到了同样内容的传真件，结果，两个机构退回信件。据询问信用卡中心领导，此事由服务监督委员会负责，那么，至少服务监督委员会的这种做法，带有明显的针对性、偏见与不负责任，甚至具有挑战性。

（五）小结

在上述测试分析中，我们可以明显看到在企业内部监管、企业危机或应急管理两个方面出现漏洞或问题，也给我们提供了几点启示。

1. 监管机制方面

从事件的发展来看，有关监管机构不但没有起到有效的监督管理作用，反而暴露出在监管制度与监管机制、监管机构之间相互协调中出现了问题，执行中不从大局、长远利益考虑，违背原则、庇护下级、监管软弱、无视消费者权益和不负责任等行为，导致和推动了消费者投诉不断升级，问题迟迟不能有效解决，也损害了总行的整体形象和社会信誉。

2. 危机（应急）管理方面

现代社会、现代企业的管理，已远远不是传统意义上的管理，危机或应急管理是全部管理不可或缺的组成部分。但此案例在整个发生、发展过程中没有任何的体现，这说明，要么是没有危机或应急管理机制，或虽然有如经济危机、安全危机等管理机制，但没有“信用危机”管理机制，或根本就没有意识到、认识到自己的社会信用、消费者信誉会出现信用危机的问题，或根本就不承认出现诚信与信用问题。更严重的是，作为处理此投诉事件的服务监督委员会，以“无此收件人”为由有意退回投诉人信件是极其缺乏职业道德、缺乏管理素质、缺乏基本责任心的恶劣行为，也是对投诉人人格的极不尊重行为。

3. 几点启示

一是，每个企业、每个人都是社会的组织细胞，缺乏诚信、缺乏信用，就是形成社会不诚信的一个“病原体”，就是产生对消费者侵权、对社会不负责任的内在因素，也是侵权受害者不能原谅、不得不付出巨大努力而难以维权的最大的道德障碍。

二是，现代社会已从农耕时代、初级工业阶段的熟人社会向信用社会阶段过渡，一切人际交往、商业交易、社会交流活动都应以诚信为基础，才能提高人际交流效果、商业交易效率、社会交流效能，才能推动建立起完善的社会信用体系、完善的社会信用监督体系，才能真正起到揭露、惩罚、打击有意、恶意违背诚信的侵权行为，社会才能更健康地发展，人人才能真正受益。

三是，讲诚信，守信用，也就是做人要诚实，做事有信用，既要有自我、自觉约束，也要有环境的强制约束。不讲诚信、恶意破坏诚信甚至突破道德底线是要付出代价的，很可能是高昂的代价。如果一个社会道德缺失、不讲诚信、没有底线，这个社会是很可怕的，就会出现大问题，人人成为受害者。

四是，诚信是客户与社会的优质资源，信用是自己的无形资产；诚信与信用能产生实实在在的企业效益、社会效益，因此，诚信与信用不仅是生产力，而且也是核心竞争力；信用可以变成效益、变成效率，但信用无法用金钱购买。

四、案例综合分析

阶段分析、测试分析是从不同时间、不同层面、不同重点进行的非整体性分析，综合分析是在此基础上，把整个事件作为一个整体，从它的发生、发展、演变来进行综合性、实质性、根源性分析，从而得出相应的结论。

（一）综合原因分析

1. 问题的基本表现

(1) 从服务双方来分析。消费者对于一般的服务态度、服务质量甚至侵权行为，往往是以宽容、善良、信任的态度与理性维权的方式去维护自己的权益。但如果遇到一个缺乏诚信、缺乏职业道德的侵权方，其结果往往是，要么是消费者默默忍受这一切，要么一而再，再而三地咨询、交流、协商、取证、投诉直至诉讼，而侵权方则往往采取种种手段（如人海战术），不断地推、拖、狡辩、误导、欺骗、甚至在投诉期间继续侵权，不管投诉升级到哪里，投诉结果仍然是遥遥无期。

(2) 从服务环节来分析。从服务与投诉过程看，好像每个环节都没有错，又好像每个环节都有点不对劲。表面上看，每个客服态度很好，服务很敬业，都在始终与消费者认真地、耐心地、反复地进行“沟通”，这正是问题的“关键点”，这完全可能是一个假象，尤其是面对投诉问题时。“沟通”是他们的职责，也是本职工作，关键是如何沟通？是真诚沟通还是虚伪沟通？是面对事实解决问题的沟通还是歪曲事实、掩盖问题的沟通？在信息不对称、地位不平等的条件下，侵权方回避问题实质、掩盖事实真相，正是通过“文明服务”的态度掩护并实施着道德侵权、文明侵权的行为。

（3）从事件本质来分析。很多事，犹如此事，本来是一件很简单、很普通的个体服务责任、一般侵权问题，属于个别客服或不熟悉业务或信用卡中心常规的违规处理惯例，是说一声“道歉”或态度诚恳、实事求是的解释就可以解决的问题，消费者也并不会太在意，但最终却发展到消费者不能容忍，以至于寻求法律手段解决的地步，这不只是态度问题、责任问题所能解释的。

2. 出现了哪些问题

不知道第一个客服形成的误导或差错是什么原因，但已经没有实质意义。问题是，出现一个差错后，之后所有的人、每一个环节都跟随前面的出现问题的思路，不但不及时纠正错误或解决问题，而是一再掩盖差错、推卸责任，不断狡辩、误导甚至欺骗消费者，在侵权方对事实非常清楚的前提下，发展到主管人员、负责人（员）直至中心领导参与，这就不能说是一个个体问题了；当消费者由宽容到不理解、到电话投诉，发展到咨询核实、网络投诉，仍然多人次轮番“沟通”而不道歉、“规定不能道歉”以及狡辩、欺骗，更不能说是责任和态度问题；无奈消费者通过向总部三个有关机构书面投诉，收到的却是颠倒黑白、歪曲事实的“来函”，再到揭露事实、发出《回复》、《律师函》、《询问函》、《告知函》，总部及三个机构没有任何回应，其中两个机构反而以匪夷所思的理由两次退回信件，更说明总部及有关机构对此事的态度和一贯作风；由要求电话道歉、到书面道歉、到当面或公开道歉、赔偿，到来人拟变通解决，等等，彻底失去了信用。对每一个环节、每一个过程以及所涉及的每一个人员都出现问题这一情况分析，就不得不让人深入思考深层次的问题了。

3. 问题的根源是什么

在整个过程中，我至今没有彻底搞明白他们的流程、基本规定和要求，因为这也是不现实的，尽管多次交流或专门咨询，但他们有些答复前后不一致，或有意误导，或自相矛盾，有些问题回避答复、或找借口不予答复。但是有一点，他们对消费者的服务要求、服务投诉的整个过程从头到尾确实出现了很大的问题。程序与制度、制度与执行、理解与解释、管理与监督、甚至客服与客服之间（包括前台与后台）等等方面前后矛盾、自相矛盾、无法解释，回避解释。如果以最初解释为准，则后来的咨询解释属于主观误导、有关的行为属于侵权行为等；如果以咨询解释为准，则暴露出从一开始就违反制度、误导客户、掩盖事实，为了个人和小团体利益而不惜损害客户利益等的对应结果。从逻辑关系来看，应该是最初的工作出现了差错，为了掩盖一个错误，不惜用无数个错误，从而导致了每一个环节都将错就错。

我们来作一个简单的推理分析。假如我们把 2012 年央视“3·15”晚会曝光中，该行信用卡中心风险管理部职工胡某出卖客户资料事件看成是个别职工的严重的道德问题。而本书叙说的这一侵权事件又是发生在信用卡中心，而且应该正是在 2012 年央视“3·15”晚会筹备阶段，在这一过程中信用卡中心应该非常注重管理工作和职工的职业道德问题。但恰恰是这个时候，又出现了这一事件和投诉，先后涉及几个客服人员甚至几个“负责人员”，后来发展到中心以书面形式给客户的回复中颠倒黑白、歪曲事实的“来函”，“来函”反而证明了领导参与其中。因此，我们不能说这是一个个别客服、几个“负责人员”的问题，至少应该是信用卡中心的整体问题。再后来发展到总部信用卡管理委员会、服务监督委员会“拒收”退回、“无此接收人”为由退回投诉人的《询问函》和《告知书》，更体现了该行的作风。那么，如果前期可以用管理水平、个别员工的素质问题来解释，到后期简单地用管理水平问题是无法解释清楚的。它的深层次根源是企业文化、职业道德出现了严重问题。为什么？因为在这个过程中，企业内部的管理与监督机构、机制、制度等等在执行过程中面临一次次考验的关键时刻，统统失去了正常的、有序的、规范的管理与监督作用，而表现出相反的、一致的、针对如何对付消费者的种种行为，除了企业文化理念与职业道德的力量外，没有任何一种力量能做到这一点，这是唯一能解释清楚的一种解释。

再从七个阶段分析、四个测试分析可以明显看出，每个阶段事情的性质都在发生着潜在的变化，积累到一定程度，事情的性质就发生了彻底的变化。不难看出，这种变化的原因是多方面的，核心在于企业的文化理念、职业道德，而只不过是表现在企业的管理水平上。

回顾总结这一事件，有许多地方值得我们去思考。一个知名企业、上市银行，对一个普通的、简单的问题发展至长时间不能解决，从个别客服到几个负责人员，再到信用卡中心领导直至总行相关机构，出现了一系列漏洞或问题，许多问题已经发展到了常人不可理解、不能容忍、突破道德底线的地步，对消费者、对建立诚信社会的危害以及对人们对社会、政府、企业、人与人的信任造成了新的危机。人们应该反思，诚信与道德在企业应该如何体现？能上门道歉，为什么规定不能道歉、不能书面道歉？能变通赔偿，为什么不愿直接赔偿？

（二）基本分析结论

综合上述分析，可以得出这样一个结论：这是企业的文化理念导向与机构设置、机制制度、管理协调、职业道德教育以及监督等即“一个基础，五个方面”存在缺陷而导致出现这类事件发生、发展的根本原因。具体分析如下：

1. 一个基础：企业文化理念导向

企业注重了发展、效益、创新，忽视了诚信为本的基本理念，有充分依据可以说明。

从事件全过程看。从员工、部门负责人及领导甚至上层监管机构等不是出于对客户认真负责的态度出发帮助解决困难、解决投诉，而是为了个人、部门、小团体利益，不惜违反制度、违背原则、违背道德，每一个人、每一个环节、每一个过程都出现了不同程度的问题，没有一个人有权力、敢于面对事实讲真话、替消费者着想、真心实意解决问题，而是面对事实、面对问题人人推卸责任，对消费者千方百计推脱、误导、狡辩、欺骗、侵权，丧失了基本职业道德，使消费者越来越不能容忍，使问题越来越复杂。误导、侵权、欺骗消费者的充分事实，长时间、逐级的投诉，消费者却得不到一个最基本的、真诚的道歉。可见，用制度、机制、体制以及层层监管都统统无法控制，只有相同的文化理念才能催生出这样的结果。

从“沟通文化”看。与信用卡中心自始至终的“投诉”要求，在他们那里自始至终就变成了双方的“沟通”，不是他们听不明白，也不是不清楚事实，更不是他们的沟通技巧、表达艺术高超，而是他们不愿意面对投诉，有意这样曲解、误解，习惯这样交流，长期形成了这种思维方式与行为方式。不同的文化有不同的传统、习惯和认可，发挥不同的作用，产生不同的文化力量。作为一般人也能分辨出“投诉”与“沟通”的区别，但一旦文化不同，理念不同，对一些事的理解和行为就会不同，“沟通”就比较困难。同一种文字，同样的文化教育背景，从理论上讲，与他们的相互交流、“沟通”应该比较容易，但现实并非如此，甚至比异域文化的交流、沟通更加困难。

从价值观来看。这里主要指如何看待诚信、信用与道德问题。我们只要从简单的、一贯的言与行、宣传与实际，就可以看出一个企业、一个人的价值观，这一点很容易理解，不再赘述。

事实上，正是企业的文化理念容忍、容许、助长了这些行为的发生和侵权的发展，否则，经过“一道道、一层层关口”还能把问题掩盖下来，继续发展下去，在一个管理规范的现代企业是不可想象的，这也正是文化软实力的力量。

2. 五个主要方面

(1) 机构设置方面。主导思想上重业务、轻服务，注重加强和完善业务流程配套与人员配备，忽视或缺失服务流程配套与人员配备，弱化了服务职能与管理协调，导致服务协调不能有效配合业务发展，形成了服务与业务的衔接错位，出现消费者不满服务质量、服务侵权时甚至难以找到内部投诉机构、投诉渠道和上级投诉监督机构。其结果是，在限制消费者的投诉监督渠道的同时，也扩大了社会监管漏洞和削弱了内部监管作用。

（2）机制制度方面。注重了加强对员工的绩效考核，忽视了调动员工、部门的主动性与协作精神，暴露出部分员工、部门、集体只注重自我利益、小团体利益，缺失相互配合的意识，在制度、执行和流程衔接上明显出现问题，自我保护、层层庇护，既不对消费者负责，内部又缺乏相互监督、相互弥补，甚至暴露出内部自相矛盾等问题。

（3）管理协调方面。注重了管理职责的分割，各负其责，各行其是，忽视了管理的相互配合，有效协调，管理协调多层次、不得力、不及时、不适应等，同时受体制、制度的约束，导致内部前台与后台，服务与管理，上级与下级，技术、管理与监督等衔接漏洞，配合不力，对外人人推卸责任，层层自我保护，前后矛盾、自相矛盾，无法自圆其说，致使出现问题难以解决。

（4）宣传教育方面。注重了企业形象、业务发展的宣传，忽视了员工的职业道德、诚实守信的教育，暴露出部分员工、部门负责人、单位领导多重信用危机、道德危机，导致为了推卸责任，不惜采取歪曲事实、颠倒黑白的手段，突破了作为一个公民、一个领导基本的道德底线，造成了消费者不信任、不容忍其行为的后果。

（5）监督管理方面。注重了效率、效益的考核监督，忽视了效果、效能的流程监督。从一个简单问题持续发展、不断升级得不到有效控制，暴露出内部监控机制、制度体系形同虚设；由简单投诉发展到向总部发律师函，使中心领导被动应对，而总部不但没有相应的机构回应，反而逃避责任、未尽服务义务，一再以“拒收”、“无此收件人”等不可理喻的理由退回信件，助推投诉的升级，造成当事单位一再陷入被动局面，也更充分说明全流程的监控失效、监管失职。

五、案例点评

（一）侵害了消费者哪些权益

以《消费者权益保护法》第二章“消费者的权利”中明确消费者的九项权利为例，侵权行为有：

一是侵害了消费者知情权。在多次服务过程中以及消费者的多次专门咨询、投诉中，采取了误导、自相矛盾、回避答复、不予答复等行为，一再侵害消费者的知情权。

二是侵害了消费者的自主选择权。消费者要求开卡消费、不满意服务要求销卡均以各种理由、借口拒绝，剥夺了消费者的自主选择权。

三是侵害了消费者的公平交易权。服务失职、服务误导、服务侵权、服务缺陷甚至有意欺骗消费者等等行为，造成服务质量没有保障，由消费者承担由此产生的后果，有失公平交易的原则。

四是侵害了消费者的依法求偿权。“规定不能道歉”、“礼品就是赔偿”，造成消费者的直接、间接损失，浪费了消费者的大量时间、精力，造成了消费者经济、精神多方面的损失和伤害，影响了消费者的正常工作与生活；长时间的拖延、拒绝消费者多次要求道歉而不予道歉、不予赔偿，违反了依法求偿权的基本原则。

五是侵害了消费者的获得知识权。对有关服务规定、客户权利等的咨询提供了误导、自相矛盾、前后矛盾的解释或回避答复、不予答复，对消费者获得知识、合理选择、实行自我保护造成了一定误导、影响和困难。

六是侵害了消费者的受尊重权。消费者享有人格受尊重的权利，信用卡中心以“建议”等为由剥夺了消费者的开卡、销卡权利，对投诉回复的“来函”颠倒黑白，歪曲事实，总部两个委员会两次“拒收”退回、“无此收件人”退回消费者的“询问函”和“告知书”信件等等行为，特别是作为负责解决此事件的服务监督委员会，有明显的失职、渎职之嫌，更有损消费者的人格尊严。

七是侵害了消费者的监督批评权。“消费者有对商品和服务以及保护消费者权益工作进行监督的权利”。而消费者多次向信用卡中心投诉，向总部投诉并发询问函、律师函、告知书等，总部至今没有回应反而两次退回相关信件，显然暴露出拒绝接收对消费者的监督批评和拒绝履行自己应有职责的基本态度。

以没有履行《消费者权益保护法》第三章“经营者的义务”中规定的相关义务有：

“第十七条 经营者应当听取消费者对其提供的商品或者服务的意见，接受消费的监督。”

“第十九条 经营者应当向消费者提供有关商品或者服务的真实信息，不得作引人误解的虚假宣传。经营者对消费者就其提供的商品或者服务的质量和使用方法等问题提出的询问，应当做出真实、明确的答复。”

（二）值得思考的几个问题

管理者和管理咨询者的一个重要工作方式就是通过问“为什么?”来寻找问题产生的原因，从而找到解决问题的正确方法和途径。

1. 奇特的“沟通文化”

在这里，沟通的目的是相互了解、相互信任、相互理解，最终达到相互谅解，从而达成问题的解决，也就是说，沟通的前提是面对事实，诚心实意，有这个前提，只要一个口头道歉就能解决问题。但是如果把消费者的宽容、善意、诚实、不得已的投诉当作儿戏，玩弄文字游戏，为推卸责任回避事实，作无休止的“沟通”，任何人都不会愿意的。

沟通是解决问题的重要过程，越沟通双方的距离越远，冲突越来越大，说明这样的沟通是有问题的。沟通的核心是以事实为依据，很明显的事实，并不需要高超的沟通技巧、沟通艺术，而实际是，投诉到最后，对他们来说，消费者的投诉只是所反映问题的“沟通”。这是一个奇怪的逻辑，奇怪的文化，奇怪的理念，这样的“沟通”有什么意义？有什么价值？当然，他们的真实的目的是如何推卸消费者投诉的责任，哪怕仅仅是需要一个口头道歉。

2. 态度反映了什么？

人们都知道“态度决定一切”。这里并不是说态度本身有多少价值，而是说通过态度来直接、间接反映出或判断出事件的发展趋势或结果。为什么？因为有什么样的态度，往往就有什么样的思路，就有什么样的行为，自然就导致了有什么样的结果，这是基本的逻辑关系。

×行对消费者的投诉与反馈要求不理、询问与告知函退回，可以有许多种解释，但掩饰不了的还是基本的理念与态度问题。对待消费者投诉如果是一种漠视、不满甚至排斥的态度，在没有外在的压力下，投诉必然不会被重视，不会有好的结果，因为从心理上他们接受不了消费者投诉与监督，加上没有有效的监管与约束，行为上自然是排斥的、被动的、被迫的。

3.为什么要这么做？

企业文化容忍和职业道德容许导致的结果。

信用卡中心给消费者唯一的书面文字“来函”信件中，颠倒黑白、歪曲事实，他们既不怕自己违背公共道德、职业道德行为受到良心谴责，也不怕消费者不能容忍这种行为而采取维权行动，原因只有两个，一是为了个人利益、小团体利益，为了“名誉”，可以放弃一切，甚至出卖道德来换取名与利；二是消费者对他们的侵权进行的维权结果他们可想而知，因此根本不足顾忌，也反证了他们的基本道德水平。

×行对消费者的维权从来不惧怕，不在乎，不回应，这可以在报纸上看到、网络中搜索到很多。消费者是弱者，维权行为多属于个体行为，形不成对他们“形象”的多大影响或者说影响可以忽略不计，他们的宣传足以覆盖对他们的负面影响，这是他们的企业文化与职业道德形成的必然理解。

4.为什么能这么做?

一切可控制手段都在他们的掌控之中。

事实非常清楚，缺乏诚信、不能道歉的强盗逻辑，面对事实拒不承认，自相矛盾，前后矛盾，规定不能道歉等等言行，违背常理、违背道德，完全是一种强盗逻辑、强盗行为。

×行的侵权行为除了有些有规则依据（伪规则）外，还有现代科技手段、服务平台来支持，一般消费者可能“找不到侵权人、责任人、侵权证据”，找不到投诉、讲理的地方。因为消费者面对的是一个“有形而无投诉渠道的平台”，“没有上级主管”，“不是某个机构、某个人”，所以，他们可以凭各种理由“层层阻击”、可以“拒收”、可以查“无此收件人”退还信件，这是他们的逻辑，也是他们自己给予自己的最好注解。

5.为什么敢这么做?

监管对他们来说没有任何价值和意义。

事实证明，内部监管对这种行为虽然不一定受到公开鼓励，但也不一定受到严肃处理，最多是经济上的一点象征性损失，处理结果也不告知消费者，要不然这种行为不会发展到如此地步。这实际是在滋生、助长、放任某些行为，一个人可以，几个人也可以，一个机构可以，其他机构也可以，一次可以，多次也可以就充分说明了这一点。“上梁不正下梁歪”，上面无人过问，为了利益，下面就敢有所“作为”。

外部监管的机构、渠道、方式很多，最终还有法律屏障。但侵权行为往往受不到多少惩罚或任何处罚，因为消费者维权成本高、行业监管机构及其他维权机构的权力小、维权依据及证据“不足”、维权环境差甚至维权职责不清等等，使消费者个体的维权成本远远高于维权所得，因此，他们并不惧怕，他们在乎的是利益，一切可以得到的利益。

6.为什么“拒收”、“无此收件人”?

错把服务的义务理解为权力来行使。

×行是上市股份制商业银行，国家对上市企业在公开透明、内部管理、外部监管方面都有非常严格的要求。在公开的网络上他们设有十个专门委员会，其中包括信用卡管理委员会、服务监督委员会。为什么两个机构会出现“拒收”和“无此收件人”呢？除非他们根本就不把消费者当回事，或不知道这是他们的义务。或者这些机构就是给股民、监管机构做做样子，欺骗监管部门和股民的。为什么这么讲？因为这些机构和董事是不会遁形的，这一点他们还没有这个胆量，还是要表现出履行职责的样子，这是一个基本的常识。那如果消费者买了他们的股票，成为他们的股东，他们是否有权拒绝股东对他们的“质询”呢？如果股东参加股东大会当面“质询”他们又如何作答呢？面对事实，不能道歉，真是匪夷所思！可见，不管内外有多少规定、多少监督，他们就是这样的作风，不需要理由，不需要解释，服务既是他们的义务，也是他们的权利。

7.事件的关键问题在哪里？

一是“找不到责任人”。这是现代服务企业的一个特征。在案例中，涉及事件的人员看似都没有大的直接责任，这正是事件所表现出来的表面现象和误导人们认识的关键所在。谁是责任人？找不到“明确的、合适的、直接的”责任人，内部就不好做出相应的处理，没有相应的处理，就没有人愿意为此承担责任和给消费者道歉，一连串的“失误”没有人道歉又不好给消费者交代，由此就产生了为了一个错误，不惜用无数个错误来掩盖的恶性循环之中——推脱、误导、狡辩、欺骗、侵权，用足了每一种手段，结果是导致前后矛盾、自相矛盾，歪曲事实、颠倒黑白，滑出了道德底线，使事件不断发展，又缺失有效的监管和及时的处理机制。从分析中，我们可以看出，至少说明责、权、利不相统一，机制、制度、管理不够协调，管理、监督软弱无力。

二是信用卡中心领导的作用。其实，如果说最初的责任是由客服素质或管理造成的，那么后来的责任则是领导参与问题的解决导致了投诉的进一步升级。本来领导出面是解决问题的，但事实上，信用卡中心的领导采取了完全错误的态度和方法，不但包庇错误，而且对上级转来的投诉信件想方设法规避自己的责任。正是信用卡中心领导的错误，加大和提升了投诉问题解决的难度，使消费者进一步看到了一个知名的企业竟然如此不负责任，不讲诚信，颠倒黑白，歪曲事实，从根本上出现了信任危机。

三是上级监管机构的作用。对信用卡中心的问题无奈向其上级纪律检查委员会、信用卡管理委员会、服务监督委员会再次反映、投诉、询问，对消费者的投诉默默无闻，对《询问函》以“拒收”为由退回，《告知书》以“无此收件人”为由退回，三个委员会没有一个出面帮助中心或给消费者作必要的解释，说明他们对待消费者的基本态度和对内部的监管不力甚至是纵容、庇护！这是对消费者权益的极不负责任，也是问题继续升级的重要原因。

四是企业的核心价值观与道德底线。从上述分析可以看出，如果用管理来解释，从开始的个别人到多人、到集体行为，从员工到领导，从中心到总部，从执行层到管理层，从管理层到最高监管层没有一个是讲事实、负责任的。信用卡中心的书面回复，并经消费者确认是经过领导同意以“正式文件”发出的书面回复，白纸黑字，内容却是颠倒黑白。从其他角度来解释，这么大的企业，有先进、方便的科技手段（随时可调出服务通话录音查看），有成熟的管理体制、机制、制度，有高素质的员工队伍，有多重的监管机构，唯一的解释只有是企业的核心价值观和职业道德出现了问题。

8. 为什么不认错、不道歉、不赔偿？

在商业服务领域，中国的传统文化中特别信奉“诚实守信”，这既是企业文化的核心价值观，也是对从业者的基本道德要求。在现实生活中，个别员工出现一些问题是难以避免的，关键是出现问题后的态度和处理方式，这是领导者和企业的管理水平与核心价值观问题。如果一个企业特别是有一定知名度的企业，面对个别员工的侵权行为，不但不正确面对消费者给予道歉，反而采取推脱、误导、狡辩、欺骗等等手段，甚至不惜采取人海战术、领导参与制造颠倒黑白的《来函》、上级采取“拒收”、“无此收件人”等等卑鄙手段来对待消费者的正常投诉，这不能说是一个局部问题和基本的责任态度问题，而是一个企业的文化、道德、理念和核心价值观问题。

让我们来作一个对比，如果是消费者对银行出现了失误甚至是由于银行的原因造成的失误，如未按期还款，这时银行是不会客气的，什么“黑名单”、“高额罚款”、“法律诉讼”等等，消费者是要付出代价的；而银行的错误，甚至是有意的侵权行为，则是有错不纠错、知错不认错、认错不道歉、道歉不赔偿……，从公理、道德、法律来看，这是什么逻辑？什么行为？为道德所不容！为法律所不容！为社会所不容！

员工和领导不会不懂这些基本的常识，但为什么还要这么做？这除了是唯利是图的文化理念和缺失职业道德的行为外，还折射出这样的企业难以担当社会责任，它所有的“社会责任担当”的表现，只不过是出于为树立企业形象所做的宣传而已，同时也深刻地反映出维权难的深层次原因，强势的侵权者为了自己的利益，不但明目张胆地实施侵权，而且公然破坏着社会道德的健康发展，他们不在乎是否践踏社会道德，因为他们知道，侵权是低成本、高收益、低风险，甚至是无成本、无风险，而维权是高成本、高风险，他们不需要承担任何社会责任，不需要考虑是否道德。同时，银行内部的一些规定和过度的绩效考核，客观上也限制了一些员工的道德或良心发现，进一步助长了侵权行为的肆意泛滥。

9. 如何规范企业的基本行为？

第一是要培养企业承担社会责任的意识。作为企业，特别是负责任的企业，要树立正确的核心价值观、发展观、荣辱观，要树立良好的社会责任担当与信誉形象，应该成为维护社会文明的推动者，不能为了自己的发展让全社会和每一个人承担由此带来的后果。

第二是企业要加强自我约束，守住道德底线。企业的文化、机制、制度、监督是否有效、合理至关重要，不能为了自己的发展而制造不利于社会健康发展的问题，更不能拿道德来换取利益。企业应该有基本的道德底线，要建立诚信为本的企业文化基础，加强社会公德、职业道德、个人品德的教育，加强内部监管与自我约束，老老实实做人，踏踏实实做事，实实在在为社会提供有价值的产品与服务。

第三是企业要不断自我完善、自我提升。要珍惜社会发展的良好环境，靠诚实、靠信誉、靠科技、靠管理、靠良好的服务来不断自我提升、自我发展，从中获取合法利益，证明自己的能力，而不是钻法律、政策、制度的漏洞，用道德来换取不当利益。

第四是要加大社会监管力度。没有强势的社会监督，没有严厉的惩治措施，对有意、恶意侵权者特别是对有组织的或集体性质的侵权行为就形不成威慑力，就很难从根本上改变社会消费环境和保护消费者的合法权益，因此，加大社会监管力度，严惩有意、恶意侵权行为，是规范企业基本行为的重要措施。

10. 谁来保护消费者的合法权益?

在企业内部，消费者投诉渠道在哪里？某银行在咨询中没有上级主管，没有投诉电话。而向上级的有关信件两个机构两次以不可思议的理由退回。在外部，如何解决维权机构的权威、提高维权效率与效果、降低维权成本、提供方便维权的渠道与平台等等问题，不是作为普通消费应该考虑的，但是消费者维权又不得不考虑的重要因素。

对消费者来说，在目前的环境下，对现代服务业领域的消费，消费者的自我保护是最主要、最有效、最主动的保护。仅仅依靠企业的自律、宣传、承诺和社会监督管理机构的保护，是很难保障消费者的权益，即使能保障，也要付出长时间、高成本、高风险的代价。因此，每个人都要有自我保护的意识，在此基础上，依靠道德、法律的屏障，通过全社会共同努力，不断打击违法侵权和谴责违背道德行为，让侵权者付出沉重的经济与道德代价，才能创造良好的社会消费环境，才能真正解决保护消费者权益的根本性问题，消费者才能安全、放心、无后顾之忧地进行消费。

第二章 维权概念

中国社会科学院社会学研究所发布的社会心态蓝皮书《中国社会心态研究报告2012—2013》指出："目前，中国社会的总体信任进一步下降，已经跌破60分的信任底线。人际不信任进一步扩大，只有不到一半的调查者认为社会上大多数人可信，只有两到三成信任陌生人。"

为什么有这样的结果？我们的社会出现了什么问题？

研究发现：侵权容易即侵权的低成本、低风险、高回报甚至是零成本、零风险和暴利，是助长有意、恶意侵权行为肆意发展，为了利益不讲诚信，不惜挑战道德、绑架道德甚至出卖道德的主要原因。

维权难主要受制于规则（即无规则或规则漏洞、规则间矛盾、规则不合理及伪规则等）、界限（即社会对是非、道德界限混淆与缺乏容忍底线等）、道德（即侵权者公共道德、职业道德、个人品德低下等）、成本（即维权者在经济、时间、精力、知识等方面的过高过多投入以及名誉、精神、健康等方面造成多重损失等）等障碍，造成维权的高投入、长时间、低回报、高风险甚至无结果。二者是导致社会道德水平与社会信任度下降的重要原因之一。

维权有风险，对现代服务业侵权的维权风险更大，为什么？

当个人的权益受到侵害时，我们有权进行维权，这是基本的权利。但能不能维权？如何更好地维权？其实有很多的侵权与维权概念、知识和一些实际的操作经验、技巧甚至是教训需要我们去了解、熟悉、掌握，因为我们遇到的各种侵权来自不同的行业、产业或领域，他们有着不同的侵权特征、方式与方法，况且，相当一部分侵权行为是有主观意愿、有准备或有准备规避侵权责任的侵权，因此，要想维权并非易事。比如，现代服务业的侵权行为越来越方便、快捷、隐蔽或公开，而维权越来越困难，直接导致了不少非理性或暴力维权。为什么？让我们把工业制造业、传统服务业与现代服务业作一个简单的分析比较。

工业制造业提供的产品与服务基本是可以“看得见、摸得着、可比较”的，法律法规规则明确，对消费者的保护措施相对完备得力，如“产品三包规定”、“召回制度”等等，对违法违规行为的打击、惩罚也非常及时、严厉，生产企业迫于市场竞争的压力和严格的监督管理要求，自身也有更严格的生产内控质量标准和售后服务要求。因此，侵权的成本高、风险大，而维权的难度相对较小，风险也小。

传统服务业往往规模不大，经营手段相对传统，但靠的是“诚实守信”、“童叟无欺”的经营理念，讲的是“口碑”，中国有“诚信赢天下，小胜靠智，大胜靠德，诚信为德之根本，做事讲诚信，放开胸怀才能立于不败之地”的说法。为了眼前利益不讲诚信则难以长远立足，“百年老店”就是经营者诚信为本、言行自律，消费者口口相传建立的社会信誉而产生的必然结果。

现代服务业在提供服务产品和服务过程中，则依靠现代管理理念、先进科技手段、高素质人才队伍和规模化经营策略，以快速应变来应对市场的变化。可见，现代服务业的服务手段和服务过程消费者往往“看不见、摸不着、少选择”。由于过度追求发展规模、经济利益，容易忽略或有意缺失了“售后服务”或服务投诉功能（管道、渠道）的建立和完善，加之法律法规规则的滞后和难以制定，侵权行为往往在“不经意、不知道、不清楚甚至是否侵权无法鉴定”之时而发生，侵权“低成本、低风险、高回报”，维权“取证难、投诉难、成本高、风险大”，客观上社会监管和打击力度软弱，也助长了企业缺乏诚信、有意恶意侵权行为的时有发生，导致企业经营理念、企业文化的扭曲，推动了社会道德风气的下滑。

可见，要维权，首先要了解与之密切相关的一些如消费、权益、侵权、规则、界限、道德、成本、道歉、赔偿、维权等主要概念。因国内没有专门的关于侵权、维权等相关概念的基础研究，因此，通过第一章对一个典型案例的分析解剖、研究总结，提出并对这些概念从特征、内涵、分类、作用以及相互之间的关系等做了必要的论述，以便于广大消费者能正确认识和积极预防侵权，遇到侵权能采取有效措施予以维权。

一、我们需要什么样的消费环境

要拉动内需就要研究消费，要研究消费就要搞清楚消费环境与消费的关系。消费的目的绝不是为了维权，但维权的目的一定是为了更好地、放心地消费。可见，创造不了“安全、放心、无后顾之忧”的良好消费环境或建立不了“方便、快捷、有效”的维权环境，有意愿的消费甚至是正常的消费也因此而被严重抑制或不断转移。

（一）消费的基本概念

消费是指社会自然人、法人等在工作、生活中通过购买消费品包括服务产品以满足自己需求的一种经济行为，可以简单解释为消费者购买产品和服务的行为。

消费有许多概念，如消费心理、消费经济、消费方式、消费习惯、低碳消费、绿色消费……，但目前反映全社会消费状况最被公认和使用的是“消费指数”，消费指数又可细分为：人均消费指数，居民消费价格指数(CPI)，消费物价指数，消费信心指数等，用来反映社会消费方面结果和分析消费变化原因。

要拉动内需，就要研究影响消费者消费的主要因素。作者认为，影响消费的最主要因素有三个方面，一是消费水平，也就是消费能力问题，是决定消费的基础；二是消费环境，从消费者角度来看就是消费意愿，消费环境安全、放心、无后顾之忧，消费者就愿意消费，反之就控制消费或转移消费，如安全问题使不少人总是愿意购买国外产品，现代服务业服务产品总是不尽如人意使消费者不愿消费等等；三是消费心理，如果“物有所值”或带来某种精神上的满足感，消费能力就会释放，如人们购买国际品牌产品除了产品质量原因外，主要是为追求心理上的满足。

（二）消费的主要分类

1. 按消费用途类型分为

生活性消费——也可称为基础消费，即以满足基本生活目的的消费，也是一种刚性为主的消费或改善性消费；

服务性消费——也可称为基本消费，即在经济条件、环境条件允许，在满足基本生活需求前提下，对更方便、更快捷、更舒适、更安全和有利于提高生活质量所要求的相应服务性消费需求；

奢侈性消费——也可称为高端消费，即在满足物质条件的基础上，对满足精神需求的更高层次消费。

2. 按消费产品类型分为

农副产品消费——农业初级产品的消费，属于第一产业产品消费；

工业产品消费——经过工业加工的产品的消费，属于第二产业产品的消费；

服务产品消费——对服务性产品的消费，属于第三产业（服务产业）的消费；

其他产品消费——未列入上述产业或新型发展产业的产品消费，或不同归类或尚未划分的其他产业产品的消费。

3.按消费过程类型分为

单次性消费——可以分为两类情况，一类是一次性消费需求的消费，即只有一次消费要求；一类是有多次或持续性消费需求，但先通过一次消费来确定是否再消费或选择其他消费产品；

多次性消费——多次、重复性对同一产品或服务进行的消费；

持续性消费——阶段性消费，如会员卡、银行卡、保险等服务性消费，在有效期限内的多次、重复、持续消费。

4. 按消费需求类型分为

刚性消费——以满足工作、生活最基本的、必要的消费；

柔性消费——消费需求具有一定弹性，即可消费也可缓消费、不消费的消费；

理性消费——有消费需求，消费目的明确的自主、理智性消费；

非理性消费——没有明确消费目的的盲目或冲动消费，或在怂恿、诱导、误导下的非必要或不需要的消费。

5. 按消费意愿类型分为

自愿性消费——属于有消费需求，消费者自愿、自主的消费行为；

意愿性消费——有消费需求，但消费意愿需要在可选择条件下进行，也可称为选择性消费；

被动性消费——没有明显的消费需求，但在被怂恿、诱导、误导下进行的消费或非理性消费行为；

被迫性消费——属于刚性需求、自身不能决定或不可选择性的消费行为，如单位集体行为（如工资卡等）形成的消费环境条件与消费行为。

（三）消费心理、行为与消费环境的关系

1. 消费心理

“安全、放心、无后顾之忧”是消费者最理想的消费需求，即消费环境要安全，消费产品质量要放心、可追溯，消费过程服务、售后服务、消费维权等要方便、无后顾之忧，这也是消费者普遍的、基本的消费心理要求。因此，消费心理实际上是消费环境、产品质量、服务水准、消费维权

等方面的综合反映。

2. 消费行为

可分为三类：

一是理性消费行为，是在具备消费能力、有消费意愿的前提下，由消费心理、消费需求决定下的一种消费行为；

二是非理性消费行为，与消费能力、消费需求有一定关系，但主要是受冲动消费心理支配下的消费行为或是在外部作用如诱导、误导性宣传等推动下的一种消费行为；

三是无奈消费行为，属于消费者因多种原因不得不消费的消费行为，从心理上讲是一种被迫的、无奈的消费，从需求上讲是可有可无或应该经过自主选择的消费。

3. 消费环境

可划分为五级：

一级消费环境——也可称为理想消费环境，即消费环境安全、放心、无后顾之忧，是消费者完全自愿、自主选择的消费环境，消费能力可以充分释放；

二级消费环境——也可称为良好消费环境，即消费环境良好，公开、公平、公正，是消费者主动、有意愿的正常消费环境，消费能力可以有效释放；

三级消费环境——也可称为一般消费环境，即消费环境一般，多为消费者有消费需求，也有一定的可选择性，消费能力释放受到消费心理、可选择程度的影响；

四级消费环境——也可称为较差消费环境，即消费环境较差，多为消费者有消费需求但消费心理有顾虑，缺乏信任，可选择性差，属于慎重选择或无奈消费的消费环境，消费能力释放受到制约或转移消费；

五级消费环境——也可称为恶劣消费环境，即消费环境恶劣，多为消费者有刚性消费需求或被迫消费，属于缺乏安全感、信任感的消费环境，消费能力释放被抑制并随时转移。

通过对消费心理、行为与环境关系的分析，可以看出，要扩大消费、拉动内需，关键是要创造良好的消费环境，才能极大地激发和释放消费者的消费潜（能）力。

二、侵权者是怎样侵权的

侵权的基本目的是为了利益。告知侵权是利用不合理规则实施公开侵权；隐匿侵权是利用伪规则和科技手段实施非公开侵权。有意侵权是在挑战道德，恶意侵权是在绑架道德甚至出卖道德。侵权不仅是侵害消费者的权益，更是侵害社会道德、社会文明和社会健康、和谐发展的一种恶性肿瘤。

（一）侵权的内涵、趋势与特征

1. 侵权的内涵

一般意义上，侵权的定义是指一种侵害他人权益（具体可参考“权益”概念）的行为，因此也可以称为一种侵害行为。从字面上理解，侵是指侵害、侵犯、占有，权是指权利、权益，所以可解释为侵害或占有他人权利或权益的一种行为。

不同的侵权行为有着本质的不同，为便于理解、认识和区分，通常将侵权行为划分为两大类，一类是无意侵权，也可称为过失侵权，主要包括客观意外和责任过失造成的侵权行为；另一类是有意侵权，可分为告知侵权、隐匿侵权和恶意侵权。

同是侵权，同属侵权行为，无意侵权与有意侵权的性质有着本质的不同，消费者在对待其态度上也有本质的不同。对于无意侵权，除了要求道歉和必要的赔偿外，要尽量想办法避免；对于有意侵权特别是恶意侵权，除了要求道歉、加倍、多倍赔偿损失之外，社会应该挤压其生存空间，采取严厉惩罚、打击的态度，让其侵权行为得不偿失，同时要给予道德谴责。

2. 侵权的发展趋势

一是由个别、个体行为向普遍化、常态化、集体化并向持续、多发、高发态势发展；

二是由隐蔽、半隐蔽向公开化，由传统向应用科技手段，由单个企业向利益集团、行业化方向发展；

三是由不合理、不道德向“合理化、合规化、合法化、文明化”方向发展，并形成一种侵权文化和一定侵权“市场”。

四是由受道德约束向绑架道德、以道德换取利益、出卖道德谋取利益的方向发展。

3. 侵权的特征

对消费者而言，侵权行为主要发生在第二与第三产业，不同产业有着不同的侵权特点。比如：

第二产业即加工制造业侵权主要在产品销售和售后服务的中、后期环节，带有一定的阶段性、分散性特征。除知识产权侵权外，有产品设计的水平与性能问题，但基本不存在设计上主动对消费者的侵权行为。

第三产业即服务产业侵权体现在整个产业链或产业环节，包括售前服务产品设计中主动嵌入侵权内容，售中服务产品推销过程中作虚假、误导性宣传，售后服务中利用“霸王合同”、“霸王条款”等手段，往往带有连续、持续、服务全过程侵权特征。现代服务业同时依靠科技手段提供辅助服务和管理，更具有方便、及时、实现科技手段操控和对自我保护等条件和能力。

（二）侵权手段与主要形式

在现实生活中，侵权有许许多多的手段、方式与方法，以银行业为例，可概括如下：

1. 常用手段有

（1）服务链侵权——也可称为“侵权产业链”，即从服务产品的设计、推销、服务等全过程形成一个连环式、链条式的侵权，包括服务产品本身和以产品为载体不同阶段的侵权。如在服务设计中过度考虑自身利益而侵害消费者权益、提供的服务产品或服务本身存在设计缺陷、或服务中嵌入霸王条款公开配合侵权等等来实施的系列性侵权；

（2）公开化侵权——也称规则化侵权，即利用一定的垄断性或主动（主导）性地位，通过制定不合理规则（伪规则、潜规则）来实施的公开化、强制性侵权，并规避自己的责任，如“霸王合同”、“霸王条款”等实施侵权；

（3）隐匿性侵权——也称隐蔽性侵权，即将一些不合理、不道德的陷阱条款隐匿于合同之中来实施侵权，同时规避自己的责任，保护自己的利益；

（4）科技化侵权——利用先进技术、控制程序等科技手段对消费者实施侵权并保护自己的利益，如利用监控、录音、网络管理、程序控制等实施侵权；

（5）综合性侵权——利用产品设计、规则制定、操作手段、服务平台等综合有利条件，相互配合实施的侵权行为；

（6）利用有利条件——如利用服务平台提供的工作职责（权力）、方便条件、内幕（部）信息、信息不对称等实施侵权；

（7）利用专业知识——利用非大众化的专业术语、名词或设计的新概念来诱导、误导消费者实施侵权并规避自己的责任。

（8）利用社会漏洞——如法律法规制度等规则的缺失或漏洞、社会监管漏洞和道德的非强制性约束来实施侵权和扩大侵权范围。

2. 主要形式有

（1）在机构和人员设置上——强化销售机构和推销人员力量，压缩、消弱甚至缺少一些服务和服务监督环节，出现部分职责空缺或有职责但控制权限，消费者遇到问题或侵权投诉得不到及时解决，甚至找不到相关机构和人员，即使找到相关机构和人员也没有相应的处置权限，其目的是推脱、回避责任，提高投诉成本，同时最大限度降低企业人力成本，以获取更大的利益。

(2) 在服务产品设计上——除了产品的基本服务功能外，不少“增值服务”产品设计专门针对不同消费者的心理，具有连环套式的陷阱和配套的服务规则，加之销售人员的误导宣传，使消费者“自愿上当”，一旦出现问题或消费者投诉时，则利用对自己有利的规则或条款来规避责任。

(3) 在规则制定上——利用垄断地位、有利条件、规则漏洞和社会监管不力的机会，单方面制定不公平、不对等、有利于自己的“合理、合规、合法”规则，来实施隐匿或公开侵权，同时规避自己的责任等，如“霸王合同”、“霸王条款”等。

(4) 在科技手段应用上——利用现代先进的科技手段包括监控录像、录音、网络管理、操作程序控制等等，对自己服务过程中一旦出现服务质量、信任、信誉等问题时不予提供证据；而对消费者的过失行为甚至是银行自己造成的问题（如已成功还款、销卡后还产生的卡费）等等，则利用科技手段强行扣取高额费用或列入黑名单等方式侵权，把科技手段作为侵害消费者权益的工具。

(5) 在投诉解决中——对投诉问题大多不能正确对待，正面回应，积极解决，而是在推脱、误导、狡辩、欺骗无效的情况下，对道歉与赔偿问题同样通过采取送礼、送出国、其他补偿方式或手段变相处理，以求消费者不投诉，来换取团体或企业对外的形象。

(6) 在内部制度规定中——少数企业的内部制度中，对消费者的合理投诉只能口头表示“歉意”，没有道歉，歉意就是道歉；不允许书面道歉；必要时可以送礼（一点小意思礼品），但不是赔偿，也不能赔偿；问题到了严重地步必须赔偿，那也只能是变相的补偿方式，否则只能通过法律程序判定。这本身就是对消费者极大的不尊重、不公正对待的侵权行为。

（7）在“热情服务”中——服务企业的一些人员，在提供正常的服务中，主动热情地推荐一些服务产品，其热情的服务态度使人难以拒绝，更有甚者，在提供服务的同时未经征得消费者同意就“主动”为消费者办好了相关的产品。如银行的客服办了“网络 U 盾”请消费者确认签字，如若确认并非消费者自愿，甚至根本不需要；如若不确认签字，辜负了客服的一片“好心”，以及媒体多次报道的“存款变保险”等等，都是在热情服务的假象下为了利益不顾道德的侵权行为。

（8）在企业文化与管理激励中——过度激励员工创造业绩，创造效益，不断强化经济效益目标任务管理。这种文化和激励措施、绩效考核办法，从根本上导致了员工价值观的扭曲，是造成“重利益、轻道德，为利益，坑客户”的深层次原因所在。

（三）侵权的基本分类

通过归类可以划分为：

1. 按侵权行为性质划分

基本可分为无意侵权和有意侵权两大类。

（1）无意侵权——也称为过失侵权，主要是指客观意外或过失行为（如缺乏责任、能力水平较低）造成的非主观意愿的侵权行为；包括一般性质的应履行告知而未告知义务或因产品设计、生产缺陷造成的意外过失侵权，但基本属于无主观意愿性质造成的侵权，也可以说不属于道德性质的侵权行为。受害者也在一定的范围内，且对社会道德影响较小。

（2）有意侵权——也可称为道德侵权，主要是指具有侵权目的（如利益）并主观意愿所产生的侵权行为，根据不同性质又可分为告知侵权、隐匿侵权、恶意侵权三类：

①告知侵权——也称公开侵权，属于带有一定垄断性企业通过公开化、强制性手段的侵权行为，即以一定的方式（包括变相隐匿方式）将不合理的条款（规则）告知或强加于消费者，消费者的消费或使用实属无奈

或被迫选择。如制定不合理的“伪规则”来实施侵权，其性质多数在主观上和行为范围内受法律与道德的约束或顾忌，少数行为是明显的挑战道德的性质。受害者的范围比较大，且对社会道德产生一定的影响或有明显的负面作用。

②隐匿侵权——也称隐蔽侵权，可分为有意隐匿、恶意隐匿。有意隐匿主要指有意隐匿不合理规则或规则中的某些专业术语真实含义、明知产品有缺陷而隐匿缺陷、或对消费者的投诉隐匿事实甚至误导客户来实施侵权；恶意隐匿主要指明知产品有缺陷而为了掩盖缺陷严重误导或千方百计设置陷阱，或对消费者的投诉恶意隐匿有关证据、事实，明显属于带有欺骗性质的侵权行为。受害者的范围因侵权事件不同而不同，所产生的社会道德影响也因事件不同而不同，可能影响面较小，也可能影响面较大或影响极其恶劣（如新闻媒体报道的部分侵权事件）。

③恶意侵权——在个人或集体利益的驱动下，不顾社会公德、职业道德，主观意愿采取不正当手段来侵害消费者的权益行为，包括恶意利用不合理规则、手段侵权，甚至严重有意误导、欺骗消费者，无视消费者的正当投诉或对合理诉求进行打击报复等侵权行为。受害者的范围相对较小或较为分散，但其侵权行为性质极其恶劣，超越了道德底线。因此，这类侵权行为本身属于缺乏社会道德的行为，不仅对消费者造成伤害，而且对全社会的道德与文明造成极大的伤害，败坏了社会风气，绝大多数有良心的企业或侵权者不敢公然与道德作对。

2. 按侵权过程时间划分

（1）一次性侵权——在短时间内的一次性侵权行为；

（2）多次性侵权——在一定时间内的多次、反复性的或多人次的侵权行为；

（3）持续性侵权——在较长时间内的多次、反复、持续性的侵权行为；

（4）长期性侵权——设计的产品尤其是服务产品或伴随产品的规则具有侵权条件或特征，在该产品存在期间可导致一定范围内、长时间的侵权行为可能。

3. 按侵权损害类型划分

（1）功能性侵权——因提供的产品存在缺陷而造成相应功能无法实现或因功能缺陷甚至可产生损害性功能而造成消费者的直接和间接经济损失，也称经济性侵权；

（2）名誉性侵权——因侵权或消费者维权使消费者名誉受到直接或间接影响的侵权行为；

（3）精神性侵权——因侵权或消费者维权使消费者精神方面困扰而产生直接和间接伤害的侵权行为；

（4）健康性侵权——因提供的产品和服务造成的直接健康伤害，以及因侵权或消费者维权而受到名誉、精神、经济方面的损失或伤害而造成健康方面的伤害的侵权行为；

(5) 知识性侵权——包括知识产权、版权等等无形资产受到侵权而造成的直接和间接损失的侵权行为。

4. 按侵权发生形式划分

（1）直接性侵权——指发生在针对消费者的直接的侵权行为；

（2）间接性侵权——指针对消费者直接侵权的同时产生的其他关联侵权后果，或对其他消费者的侵权带来的间接侵权后果。

5. 按侵权损失划分（未按损失大小划分）

（1）直接损失——包括经济（包括无形资产）、精神、健康、时间（精力）、名誉损失等等；

（2）间接损失——包括为弥补或减少损失而产生的连带、潜在的经济、时间、精神以及健康、名誉损失等等。

6. 按侵权实施者划分

（1）个体(个人)侵权——主要指某个员工或个别员工的侵权行为；

（2）集体(部门)侵权——主要指一级组织内设的单位、部门的集体侵权行为，或由内设单位、部门领导参与从而代表了单位、部门集体性质的侵权行为；

(3) 组织(企业)侵权——主要指一级组织或独立法人企业的多人、多部门，甚至领导参与其中的、具有集体性质的侵权行为；

(4) 多种混合侵权——多数是由个体侵权开始，逐渐发展到集体侵权，有可能最终发展到一级组织或由相关部门甚至领导参与其中的集体性质的侵权行为。

7. 按侵权受害者划分

(1) 消费者个体——针对消费者个人或个体单位的直接或间接侵权行为；

(2) 消费者群体——对某些消费者群体包括组织、团体、企业造成的直接或间接损失的侵权行为；

(3) 全社会——对因部分消费者、消费者群体侵权造成在一定范围内影响社会道德水平下滑、精神文明与经济建设受损的直接和间接侵权行为。

（四）侵权的内在动力

除了客观意外和责任过失的无意侵权外，有意侵权、恶意侵权行为的目的就是为了经济利益或与经济利益相关的权益，在获取经济利益的同时要保护自身的权益，规避应承担的责任包括社会担当责任。无疑，利益是侵权行为的基本动力。

但为了利益不惜用有意、恶意侵权的方式来获取，那一定要受自身和社会道德的约束；如果为了利益可以出卖道德，出卖道德为了换取利益，不顾社会的道德约束与谴责，侵权行为就是一个赤裸裸的道德问题。因此，侵权行为主要受利益和道德的双重驱动，在一定意义上，当为了利益而不顾道德时，道德有可能成为侵权动机和行为实施的核心驱动力。可见，通过从侵权性质、持续时间等等，可以反映出侵权者的基本道德水平和对社会的责任担当。同样，对待有意、特别是恶意侵权行为的认识，不应仅仅停留在单纯的利益层面上，而应上升到道德层面，应该成为衡量企业、员工真实道德水平、文化理念、社会责任担当的试金石。

（五）谁是侵权的受益者和受害者

1. 谁是侵权的主体或工具？

有条件提供产品或服务的企业、内部机构或个体有可能是侵权的主体，更多的可能是侵权的工具。为什么？因为作为侵权实施者可以是某个人（包括员工和管理者）、某个企业或部门，但不论是个人还是企业或部门，他可能只是实施侵权的工具而已，或者他的工作过程涵盖了侵权内容，这是他的部分工作内容或职责。侵权的真正主体，应该是侵权目的的受益主体或主要受益者。

2. 谁是侵权的受害者？

侵权是一个怪圈，是一个恶性循环的社会毒瘤。

因为侵权，消费者、侵权参与者、全社会都可能成为侵权的直接和间接受害者。

对于消费者是主要的、直接的受害者大家都很明白，也很容易理解，这里不作赘述。

对于侵权参与者也可能是受害者，如果不作解释很多人可能难以理解。为什么说侵权参与者在一定意义上也是受害者？一般情况下，首先侵权参与者只是某个组织、机构、企业的相关人员，特别是在现代服务企业中，他能参与侵权，说明他有相关的服务职责，并具有方便的条件；其次，在提供相关的服务中，他必须按照职责来工作，除了过失侵权外，有些侵权行为就是他的本职工作内容和要求，而当他遇到投诉或解决投诉问题时，他无权做出自己权力以外的解释和负责任的行为，否则他会因此而丢掉饭碗或因“工作不力”而被降职，当然，这些人可能会有较高的工作报酬。因此，可以说，他们的行为在一定意义上也是无奈的，他也因此而成为维护侵权利益获得者的工具和受害者；第三，他在自己的职责中是侵权参与者，而换一个地方作为消费者，他可能同样又是一个受害者，同时，他为自己、团体、老板的利益在制造并维护缺乏诚信的社会基础。

每一个人在不同的地方都是消费者，如果多数消费者都有可能成为侵权受害者，那么社会自然就是一个侵权受害体，在这样的一个社会里人人都会因此而付出不同的代价，其后果是直接导致社会诚信度出现危机。社会的诚信度越低，人们在社会活动中付出的代价就会越高，社会的管理成本也会越高。可见，至少道德侵权使全社会为此付出了沉重的代价。

3. 谁是侵权的最大受益者?

侵权的最大受益者是“老板”，是制造、出售、提供产品和服务的所有者。他们获取了利益，甚至名誉，他们为了获取不当利益和名誉而让消费者和全社会付出了沉重代价，包括经济的、环境的、健康的、精神的、道德的代价！全社会为他们的不当行为“买单”。为侵权的真正受益者提供了帮助的每一个员工、管理者只是他们的帮手和工具而已，只不过他们从中得到了一定的劳动报酬。

（六）侵权的社会后果

侵权不但对受害者造成了后果，对社会造成的直接后果也非常严重。主要体现在：

(1) 使包括服务产品在内的造假链的产生、蔓延势头长期得不到有效制止、遏制，并渗透到各个领域；

(2) 使伪规则盛行，受到伪规则的保护，肆意侵权无人监管、难以监管，形成了具有一定市场、与社会发展共存的侵权文化毒瘤，并通过运用科技手段来实现监督、控制、操作，维护其“合理”、“合规”、“合法”的侵权行为与利益；

(3) 导致了社会道德沦丧，企业诚信缺失，人与人之间缺乏基本的信任，大大增加了社会管理成本，使政府和监管机构的作用、公信力一再遭到质疑；

(4) 已成为社会不稳定因素增加，极端、暴力、群体维权事件频发，引发社会矛盾和冲突的重要原因之一。

三、消费者有哪些权益

权益是由“权”和“益”组成的，当“权”得不到保护时，就说明这个权利实际已经转移或随时被转移，而权益、利益将随时被侵权者侵害或占有。

（一）权益的含义

什么是权益？从字面上理解分为三部分，即“权”、“益”以及权和益二者的组合“权益”。其中：

“权”的含义：权力、权限、权利等，充分体现了“权”而非“益”，权不是益，也不代表益，对消费者自然人而言，“权”就是人格、尊严、公平、自主等，如消费者权益保护法中规定的消费者的人格受尊重权、知情权、自主选择权、公平交易权、监督权等等，它本身不是利益，但可直接影响消费者的利益或权益如所有权、支配权等。与其对应的侵权主要是对消费者权力及相关权益的侵害、侵占、转移或漠视，造成消费者更大的经济损失和精神伤害，人格尊严未得到尊重，公平交易得不到保障等。

“益”的含义：这里主要指利益，比较直观，容易理解。对消费者而言，充分体现了其利益的属性，也就是消费者的“利”或“益”，是可量化或可衡量的经济利益或经济价值。与其对应的侵权主要是造成消费者经济方面的损失。

“权益”的含义：除了上述“权”和“益”本身独立的解释外，这里特别指权、益两个字结合为一体的含义。在这里，权和益是相互依存、非独立的，权是益的载体，益是权的体现，益依附于权，权可转化为益，也就是说，随着“权”或“权益”的转移，消费者的利益也随之转移或受到侵害或被他人占有。如由于误导、欺诈、不合理规则等等给消费者造成不公平、不合理消费，浪费时间、丧失机遇等损失；由于伪规则、潜规则、霸王条款等等使得消费者权益受到侵害、转移或丧失，造成消费者的种种损失。与其对应的侵权后果既有权力与精神损失，也有经济损失，既有直接损失也有间接损失，二者密不可分。

应该讲，在一定意义上，有“权”才有对应的“益”，有“益”不一定有相应的“权”。可见，权益中的“权”比“益”更重要。但在现实社会中，维权更注重了“益”而忽视了“权”。

侵权与维权的目标是一致的，而目的是完全相反的，一个是要非法侵害或占有权益，一个是要依法维护和保护权益。

（二）权益的特征

(1) 权益的归属性。

即权益归属于社会自然人，这些权益部分是与生俱来的，部分是社会赋予自然人的。不同的社会、时代、法律、地域、条件等等赋予自然人的权益也不同，特别是社会赋予的权益，但相同的是权益要有所归属，这就是权益的归属性。

(2) 权益的平等性与区别性。

在民主、法治、公平的社会，每个人的权益是平等的，这是一个基本的前提或原则，但由于不同的人对社会产生的作用、影响不同，权益也是有区别的。如对社会有危害的人就会限制其人身自由等等，显示出权益的区别性。

(3) 权益的受保护性。

保障个人权益不受他人或组织随意侵害既是个人的责任，也是社会的责任，因为在法治、公平的社会里，社会规则建立的出发点或基本前提就是保护每个人的权益不受侵害，如国家宪法、消费者权益保护法等等。

(4) 权益的受约束与排他性。

享有权益，就要遵守规则，遵守规则就要受到规则的约束，可见，权益不是无止境的。任何个人或组织权益都要在符合国家或社会规则，不伤害他人或组织的合法权益的前提下，才能有充分的自由，因此，权益既受到约束也具有排他性。

（5）权益的平等享有性。

科技在发展，社会在进步，社会和谐发展的每一项成果，每一个自然人都有平等的享有权，也正是有了平等享有权，每个人才会为社会进步做出贡献。

（6）权益的象征性。

消费者权益在很多情况下是象征性的，没有实质性意义。比如，消费者权益法所列出的九项权利，如果没有消费意愿或活动，这些权益就不会体现出来，而只是象征性意义，也就是说，只有有了消费意愿或活动，这些权益才具有实质意义，或者说权益只是一种无形的“权力”而不是真正的“权益”和“利益”。

（三）消费者权益

在现代市场经济中，国家依照社会经济运行的需要和市场上消费者的主体地位，制定了明确的法律法规，这就使消费者权益不仅是一种公共约定和共认的规范，还得到了国家法律的确认和保护。其中，在《中华人民共和国消费者权益保护法》中就规定了消费者的九项权利受到保护：

（1）消费者在购买、使用商品和接受服务时享有人身、财产安全不受损害的权利，简称安全权，包括两方面内容：一是人身安全权，二是财产安全权。人身安全权在这里是指生命健康权不受损害，即享有保持身体各器官及其机能的完整以及生命不受危害的权利。财产安全权，是指消费者购买、使用的商品或接受的服务本身的安全，并包括除购买、使用的商品或接受服务之外的其他财产的安全。

（2）消费者享有知悉其购买、使用的商品或者接受的服务的真实情况的权利，简称知情权。

(3) 消费者享有自主选择商品或者接受服务的权利，简称自主选择权。

(4) 消费者享有公平交易的权利，简称公平交易权。

(5) 消费者享有依法获得赔偿的权利，简称依法求偿权。消费者在购买、使用商品或接受服务时，既可能人身权受到侵害，也可能财产权受到侵害。人身权受到的侵害，包括生命健康权，人格方面的姓名权、名誉权、荣誉权等受到侵害。财产损害，包括财产上的直接损失和间接损失。直接损失，指现有财产上的损失，如财物被毁损，伤残后花用的医药费等。间接损失，指可以得到的利益没有得到，如因侵害住院而减少的劳动收入或伤残后丧失劳动能力而得不到劳动报酬等。

(6) 消费者享有依法成立维护自身合法权益的社会团体的权利，简称结社权。

(7) 消费者享有获得有关消费和消费者权益保护方面的知识的权利，简称求教获知权。消费者获得有关知识的权利，有利于提高消费者的自我保护能力，而且也是实现消费者其他权利的重要条件。特别是获得消费者权益保护方面的知识，可以使消费者合法权益受到侵害时，有效地寻求解决消费纠纷的途径，及时获得赔偿。

(8) 消费者在购买、使用商品和接受服务时，享有其人格尊严、民族风俗习惯得到尊重的权利，简称人格尊严和民族风俗习惯受尊重权。在市场交易过程中，消费者的人格尊严受到尊重，是消费者应享有的最起码的权利。人格尊严指人的自尊心和自爱心。

(9) 消费者享有对商品和服务以及保护消费者权益工作进行监督的权利，简称监督权。消费者监督具体表现为：有权检举、控告侵害消费者权益的行为；有权检举、控告消费者权益的保护者的违法失职行为；有权对保护消费者权益的工作提出批评、建议。

（四）消费者权益现状

现行的法律法规或规则，对消费者的部分权益有明确的规定。但在实际操作中，往往注重和体现的是“益”而不是“权”。如在各种侵权行为的解决中，有赔偿的往往也只是直接的经济损失赔偿或部分赔偿，很少有时间、精神、名誉、健康等间接损失方面的赔偿，即使有，我们看到的也只是象征性的赔偿（甚至有一元的精神赔偿报道），这种解决思路和结果，远远没有起到维护“权”的作用，达到对“权”的尊重，更多的是对“权”的剥夺！只起到维护“益”的作用，但真正的、最大的损失是“权”、“权益”而非单纯的“益”，这可能是法律始终不能严厉惩治侵权行为的认识原因所在。

消费者权益保护法中赋予了消费者九项权利，虽然从法律上明确和赋予了权利，但现实情况是，有许许多多的侵权行为根本就无所顾忌法律的存在和法律的威慑，如有意侵权特别是恶意侵权行为的肆意横行，九项权利中知情权、选择权、受尊重权、公平交易权等等谁来保护？如何保护？有多少得到保护？权力是消费者的，是社会赋予、受法律保护的，但消费者是一个弱势群体，无力来保护自身的权益。如果法律没有解决，制度没有明确，措施没有跟上，现实的保护权利只不过是一场空谈。如果任其这样发展，侵权行为只能愈演愈烈，只能有利于无视法律、无视道德的侵权者，社会的秩序、规则和道德就会更加混乱。

（五）权益与侵权的关系

有意、恶意侵权行为侵害的是“权”、“权益”，非法占有的是“益”，失去的是“德”。

有意、恶意侵权行为的目的是非法侵害或占有权益，主要对象是消费者，直接受害者是消费者或者表现在消费者，实际上破坏的是全社会的规则，扰乱的是全社会的秩序，侵害的是全社会的利益。全社会为此而付出沉重的经济损失、道德下滑、社会管理成本增大，而成为真正的、最终的、最大的受害者。

现代服务业的有意、恶意侵权者往往是一个完善的组织或经济实体，有一支专业的团队，借助的是伪规则、科技手段、服务平台来实施侵权行为，而消费者往往是一个个体或分散的小群体，当消费者因为“弱”而无“权”、无“力”来保护自己的权益时，侵权行为就必然会肆意横行；当侵权者因为“强”而有意、恶意、肆意侵权，其行为得不到有效遏制、严厉打击时，消费者的权益保护就是一句空话，社会正义就会受到践踏。

四、社会应建立什么样的规则

利用规则实施侵权是现代服务企业侵权的重要形式和侵权方式发展的重要突破，不但创造了“文明的侵权”行为，而且发展了“侵权的文明”文化，同时也扭曲了社会的道德观、价值观，其害甚大。

（一）什么是规则

通俗地讲规则就是规矩，即所谓的“没有规矩不成方圆”之含义。我们这里所讲的规则是一个宏观概念，它涵盖了法律法规、政策制度、规定、契约、合同、承诺（包括口头承诺）等书面规则和潜规则以及行为道德等非书面形式和内容的规则。

规则是社会存在、变化、发展的伴生物，有社会就会有规则，有活动就应该有规则，无论是显规则还是潜规则。当然，规则有很多种，自然规则、社会规则包括道德规则等等，在这里我们主要研究社会规则。一般情况下，将契约性规则即属于非道德性书面规则称为有形规则，将道德性规则或非书面规则称为无形规则。

我们生活在一个有规则的社会之中，不论这个规则是否公平、公正、合理。如果一个社会的主体规则混乱，这个社会一定会是一个混乱的社会，可见，规则对于维护社会的秩序有着重要的意义和作用。但同时我们要承认，社会对许多规则的制定、实施是相对滞后于社会发展和变化的，因为合理规则的建立、完善程度需要一定的时间和过程，但不完善、不合理的规则长期盛行得不到解决，这个社会也会出现问题。

社会规则是人制定的，人也可以打破规则。规则公，则人人遵守，则社会公；规则不公，则形似有规则，实际无人愿意去遵守，这样的规则对社会只能起到负面作用。

就社会规则、道德规则而言，应该是大家共同遵守的书面和非书面的具有普遍性、约束性的约定，具有一定的强制与非强制的约束力，是人与人、人与组织（包括企业、机构等）、人与社会和谐相处的一种共同遵守的基本守则。规则随着社会的发展、变迁而应作相应的调整或变化，以适应社会的发展需要。不适应社会发展的落后规则应该及时被修订、补充、完善或打破而重新建立。

社会规则的制定应当以道德为基础，以公平、公开、公正和实用为原则来形成，应该成为衡量、约束社会自然人、集体、组织等等一切社会活动的有形与无形的行为规范。社会规则应该得到每个公民的普遍承认和遵守。

任何组织、集体、个人制定的不符合社会道德和不利于社会健康发展的单方面规则，不应该成为规则，而是一种不合理规则或伪规则。

社会规则也体现了一个时代的文化、道德与文明发展水平，滞后或超越时代文明、文化和道德基础的规则，是不容易被接受的，这样的规则是没有生命力的。

（二）规则的分类

为了便于理解，我们将社会规则概括划分为：

1. 按形式可分为

书面规则——也称明规则，即书面形式的成文规则。

非书面规则——也称潜规则，即约定俗成的非书面形式的规则或流传下来的不成文规则。

2. 按性质可分为

强制性规则——国家法律、法规，地方法规、条例等带有法律强制性要求的成文规则，适用范围宽广；

基础性规则——国家、地方、行业、组织、企业等形成的非法律性的政策、制度、公告、通告等成文规则；是规范社会、地方、行业、单位及公民的最主要规则，在所适用范围内具有一定的强制或约束作用；

道德性规则——也称无形规则或非强制性规则，包括文明公约、倡议等成文规则和不成文的潜规则等，是一种带有号召性但非强制性要求的规则。如道德规则主要用作衡量善恶、美丑、是非等道德行为的“标准”，但它并没有强制性。

3. 按“大小”可分为

是一个相对概念，主要从宏观、中观、微观不同层面反映规则的制定原则、内容、重点和基本要求：

大规则——主要指适用范围广泛的全国性、区域性和宏观性的法律法规、政策制度等等；

中规则——主要指在宏观规则的指导下制定的各种行业性、局部性、地方性的法规、政策、制度、管理条例等等，更注重规则的针对性、区别化；

小规则——主要指围绕大规则或中规则而制定的相关行业、区域、地方性政策、制度、实施办法、实施细则，更注重规则的可操作性；

细规则——主要指围绕国家、行业、地方等等规则而制定的内部管理的各项制度、规定、办法等，是内部管理和对外开展工作基本的、重要的、操作性的规则。

4. 按制定权限可分为

法（律）规则——指具有法律效力的、强制性的全国或地方法律法规规则，由全国或地方人大制定，如宪法、刑法、民法、地方法规等；

政（府）规则——指具有一定强制性、指导性、规范性的规则，如地方法规、行业规划、条例等等，由人大授权或根据职责由各级政府制定；

行（业）规则——指由行业主管部门、协会起草或制定的行业发展规划、行业自律、行业管理条例等规则；

内（部）规则——指由企业或社会组织自行制定的内部相关管理制度、规定、手册等规则；

道（德）规则——指各级党政机关、社团组织、民间组织等等在社会发展、精神文明、道德文化建设方面的相关规划、计划、准则、公约等规则。

5. 按合规性可分为

合理性规则——通过公开、公平、公正、合法程序制定的规则，对所覆盖范围的社会、行业、区域等的进步与健康发展能起到积极的规范与推动作用的规则；

未定性规则——未经过合理、合法的制定程序或未正式颁布实施的规则（如在一定范围内搞试点），或已形成初步规则，具有一定的内部或一定范围使用特征，但不一定完善、合理、合法，尚未经过大量验证和最终审定或认定，如一些新兴行业发展初期的自定规则或社会快速发展过程中出现的一些新规则包括潜规则；

不合理规则——不同规则制定方从不同利益或角度出发，所制定的规则不尽完善合理，或相互之间不协调，有矛盾，使得难以执行或无法执行，或明显带有维护少数人权益、局部利益的相关规则；

伪规则——多为单方面制定的规则，制定程序、范围、内容等不公平、不合理，只保护规则制定方自己的权益和避免自己应该承担的责任，如“霸王合同”、格式条款等，甚至缺乏基本的公共道德要求。

6. 按适用范围可分为

普适性规则——适用于全国或全社会的普遍规则，如国家颁布的法律

法规等；

区域性规则——适用于某些区域性的规则，如地方法律法规、政府公告等；

行业性规则——适用于某些行业性的规则，如汽车、家电、金融等规定；

局部性规则——适用于某些组织、企业、集体内部或部分针对性规则，如内部薪酬、学习、培训等制度。

（三）规则的主要特征

由于规则适应范围、制定原则、制定程序以及现实滞后的实际情况，规则在架构设计和现实生活中往往体现出以下主要特征：

1. 规则有大小、有主次

社会规则是由组成社会的各个层次、各个领域（包括行业）根据需要制定的，所以，全社会的规则是由各方面、多层次规则通过横纵交错、条块结合、相互联系组成的，形成了一个“层状型的规则网”。这个规则网要相互衔接，又要发挥不同的规范、约束作用，因此，就有了规则的大小、主次之分，大规则（顶层规则）大于基础规则，普适性规则大于区域性、行业性、局部性规则，法律规则主导其他规则，这是一个基本规律和规范要求。

2. 规则有缺失、有漏洞

规则制定往往滞后于事物的发展，特别是社会处于快速发展时期更为明显。同时，由于社会发展过程中有许多不确定和复杂变化因素，或有许多规则制定中考虑不到的实际或操作问题，使得规则在一定时间内出现了缺失、漏洞或不协调，而且，有些规则的缺失、漏洞或不协调在一定时间内还不能及时完善，使相应的发展处于一定的“无规则运转状态”或规则不能适应发展需要的实际。在有形规则不能满足现实社会的需要时，我们应该按照制定规则的基本原则来规范自己的行为，逐步填补规则缺失形成的规则漏洞，同时我们有基本的无形规则来非强制性约束社会的行为，这就是道德，或道德规则，它时时、处处存在。

3. 规则有矛盾，甚至有冲突

规则不完全是合理的，主要表现在两个方面，一种是规则的大小之间、内部规则与外部规则之间、局部规则与普适性规则之间，由于受到利益、规则制定的不同出发点、制定规则的不同目的或不同的组织或人员，使得规则之间产生矛盾甚至是冲突是正常的。另一种是规则如法律与情、理、德之间在某些方面可能产生矛盾或冲突，这其实是情、理、德、法的认识矛盾或冲突，或大情、大理、大德与法律因理解、关注点不同而造成的矛盾或冲突。如国家法律具有严肃性，它是普适性规则，从全局出发来维护社会的公平、正义，维护社会的稳定、和谐，也维护法律的尊严。因此，在一定程度上不能从感情、同情、普通道理上来理解，一旦违反法律，就要受到法律的惩罚。但对某些人或事，从人们的情感、同情心、普通道理来讲，可能与法律有矛盾甚至有“道德”冲突之处，尽管也具有一定的合情、合理性，就是人们通常所说的“合情合理不合法”。

（四）规则的主要作用

制定规则的基本目的是规范管理，降低管理运行成本。其主要作用是：

1. 规范作用

即通过合理的规则来规范公民、组织、团体在社会活动中的基本行为，以维护全社会的正常、和谐运行。因此，在不同的领域、不同的地方、不同的时期需要有不同要求、多种多样的规则。这样，才能使我们的生活、工作更有条理，行为更加协调，社会更加和谐，因此，规则是实现社会稳定的重要基础。如在经济领域，合理的规则应该有利于鼓励公平竞争，推动社会经济快速、健康、和谐发展，而不合理的规则容易造成不公平、不正当的竞争，不利于社会的健康、和谐发展。

2. 约束作用

即通过合理的规则来约束公民、组织、团体在社会活动中的基本行为。其目的是对不遵守公共规则的公民、组织、团体通过一定的约束措施，甚至是制裁措施来规范其行为，以维护规则的严肃性。现实的社会是由种种规则维持着秩序，不管这种规则是人为设定的还是客观存在的，规则都具有一定的约束力。人在一定的规则内可以得到许可的行为，才是可行的行为，而不是一种完全的无拘无束的行为。这种许可包括社会的许可，他人的许可，这就是规则的约束性的表现。因为在这种约束性中包含着个人、组织、团体的自身利害和相互利害关系，因此，规则的约束性是普遍存在的，也是不可消除的。

3. 扶持作用

如通过对放宽某些区域、行业或重点领域的约束性、限制性政策，制定有利于发展的扶持政策或给予一定的倾斜扶持措施，来促进其更加开放、加快发展，就是政策性规则的扶持作用。

4.激励作用

即通过制定有针对性的扶持政策或激励措施等，在各方面条件没有改变的情况下，充分调动区域、行业、实体或内部的单位和员工的积极性、创造性，使其得到更好、更快的发展。

（五）规则的制定原则

规则制定的基本前提是要内容公开、程序公正、责权公平合理、权利对等，符合基本的法律法规和公共道德要求。规则制定与实施过程中同时要求在体现公平、符合道德、操作可行的基础上保护弱者。

要实现社会的正常、和谐运行，需要不同领域、区域、组织、企业等按照一定的基本原则来制定相应的配套规则，即由全社会的“大规则、中规则、小规则、细规则”等来组成一个完整的、合理的、统一的“规则网络”，让大家在共同遵守统一规则的基础上协调发展。理想情况下，规则的制定、完善应当相对在先，执行在后，但由于规则的特殊性，在实际应用中事先制定的规则往往有一定的缺陷，需要在实施过程中不断完善，特别是一个新的领域、行业需要一定的实践过程才能建立和完善，这就造成了规则的滞后性和不完善。

规则不应该是少数人、利益团体或组织包括企业特别是垄断性组织为了自身利益而单方面制定的不合理、不公平、不公正甚至严重违反道德原则的规则。

（六）规则与侵权的关系

利用规则来实施侵权是侵权形式发展的重要突破。随着社会的发展，科技的进步，改革的深入，不断出现一些新事物、新创新、新要求、新观念。同时，随着法治社会的逐步建立，已有的规则包括法律法规、制度等等远不能适应这些变化要求，因此，新的规则经常处于滞后状态，即使有一定的规则也有许多不完善、不明确、不协调或冲突的地方，同时，人们的道德观念也随着社会的发展而发展，这是一个正常的社会发展、规则制定的过程。正因为这样，由于规则的缺失、漏洞和不协调，新规则制定的形式、程序、内容等已成为侵权者关注、研究和利用的重要问题。

规则与侵权的关系基本可分为三类，第一类是主观无意侵权，即客观意外或责任过失造成，不管有无规则、规则有无缺失、漏洞，一般都可通过潜规则、基本的规则原则、道德原则就可以协商解决侵权及所造成的损失；第二类是寻找和利用规则的漏洞进行有意、恶意的侵权。规则缺失和漏洞给有意、恶意侵权者提供了可乘之机，通过歪曲规则的基本原则，有意、恶意利用规则的缺失和漏洞来实现侵权或扩大侵权行为，并为自己的侵权行为提供辩解的理由或依据；第三类是利用有利条件或垄断地位，通过制定不合理规则来实施侵权并规避自己的责任，这种“文明的侵权”行为，更具有掩饰性、欺骗性和不道德特征，直接把侵权行为“合理化”、“合规化”、“合法化”。

因此，努力制定合理的规则是防止有意、恶意利用规则实施侵权的基本前提。合理的规则可有效地减少利用规则的侵权行为，即使有侵权行为也可在规则范围内寻求解决。

如果制定并利用不合理的规则来实施、保护有意、恶意侵权行为，不仅是侵权行为而且是道德侵权行为，无非是道德行为的严重程度不同而已。

不合理的规则本身就不应该是一个规则，是强加于人的、具有一定侵权性质的不平等、缺乏规则基本原则的规则。这样的规则起不到公平、公正、有效的作用，也无法约束侵权行为，反而助长、造成侵权行为并难以解决，或者说保护了侵权者，破坏了社会的和谐。

要打破不合理的规则也可能付出一定的代价，因为它已成为“规则”或“潜规则”，必定有一定的市场和维护它的利益团体，所以，也不是一件容易的事，需要人们的共同努力。

五、界限与容忍底线在哪里

是非界限是“黄线”，道德界限是“红线”，容忍界限是“底线”。“黄线、红线、底线”是来规范和约束每一个组织、每一个人的行为，辨别责任与是非的分界线，但一个社会绝不能容忍突破底线。否则，没有底线的社会，最终要为此付出高昂的代价。

（一）界限的含义

界限是一个很重要的概念,有许多不同的解释。从字面上理解，所谓“界”包含有事物之间的分界，如地界、边界、境界、各界、自然界等等；所谓“限”就是限定的范围，如限度、限制、限期、限价、限于等等。因此，“界限”我们可以理解为是对“事物边界的设定或约定”。

界限具有标准、尺度、分界线等内涵，可以用它来作为衡量事物的好坏、优劣与程度的一个“尺度”，作为判断一个事物的是与非的“分界线”

或“分水岭”，也可以把它作为一个区分事物性质发生变化的“转折点”。

比如我们日常生活中的信用卡消费，在还款日前还款是免息的，超过还款日就是差一块钱没有还，有些银行也会按照全额消费罚息，到一定程度甚至通过起诉来执行高额惩罚。

（二）界限的分类与特征

界限有多种存在形态，基本可分为有形界限、无形界限、精神界限等，主要特征有：

1. 有形界限——具有边界性特征，即可用尺度来衡量与区分有形空间的边界，包括有形地界、边界、高度、长度等等。超越边界设定或约定的范围，事物属性就可能发生变化。

2. 无形界限——具有时间性特征，即用时间来设定与区分界限的状态情况。超越了规定或约定的时间界限，事物属性可能会发生变化，随着时间的推移会变的更加复杂，超越规定或约定的时间界限越长，性质就会越严重，如违法违纪行为就会从严、从重处理，合同违约就会加倍惩罚等。

3. 精神界限——具有道德性、思想性特征，即可以用道德标准、社会主体的基本精神文明文化要求来衡量是否符合时代思想、先进理念、传统文明文化的要求，从而区分自然人、组织、机构、企业的行为性质、文化特征、思想境界等。

界限的这些特征主要体现了界定性、约束性、限制性作用，凡是有规则、有约定、有界限的地方，自然就要有约束、有限制、有限度，使每一个自然人、社会组织的行为受到一定的限制或约束，否则，这个社会就会出现混乱和不和谐。如果一旦不受约束而突破界限，触及到法律就是违法，触及纪律就是违纪，触及到道德就是违背道德。

（三）界限与规则的关系

界限与规则的关系最形象、最直观的比喻就是“皮与毛”的关系，人们通常所说的“皮之不存，毛将焉附”，也可用体育竞赛项目中的比赛规则与评判标准来解释。

规则是制定或约定的、在一定条件和范围内适用的“守则”，界限是规则划定的一个“标准”，规则包含界限，特别是具有操作性的规则一定要明确界限，否则，规则可能因为缺少界限而无法具体操作，如比赛规则中如果没有评判标准就无法进行比赛。

可以说，有了规则才可能有界限，没有规则就没有界限，没有界限也就无法衡量事物的是非、好坏及其程度。规则不清则界限不明，界限不明则是与非不清，所以，界限与规则的关系可分为：

(1) 规清界明——有规则有界限且规则、界限非常明确，合理合法。在这种情况下，无论是社会、企业，都会管理得井井有条。

(2) 有规不清——有规则但界限制定、划分、表达不准确、不详细、不具体，造成有规则而界限模糊不清，必然会对相应的工作带来问题。

(3) 规乱不清——规则、界限在制定、划分过程中自相矛盾，或不同的规则、不同时间、不同方面制定的规则相互之间有矛盾，界限也混乱不清，从而容易产生各种矛盾和混乱状态。

(4) 规缺不明——规则缺失或在制定的规则之中，部分规则缺失，导致界限不明的状况，从而造成因规则缺失、界限不明确产生的漏洞。

其中，“有规不清、规乱不清、规缺不明”为一些人或企业、组织有意、恶意利用规则、界限的不清或漏洞从事不道德的侵权行为留下了可乘之机，为规范管理带来困难和问题。

（四）界限与侵权的关系

在这里，界限是“标准”、是“计量”工具，用来判断、区分、衡量侵权及侵权程度与性质。人们对不同问题的认识、判断、设定等有不同的界限或标准，而对侵权最关键的界限或标准主要是：

(1) 是非界限——用来区分、判断是否侵权与侵权方式的界线。包括无论是明规则、潜规则，合理规则还是不合理规则，以及不同规则之间造成的规则矛盾，只要有不合理、不合规、不合法的侵权行为，都会有自己的一个基本认识与判断。

(2) 道德界限——用来衡量、判断侵权的性质与程度。对侵权行为特别是侵权的性质与侵权的程度有一个基本的衡量尺度与判断标准，这就是道德界限或道德标准。一般性的侵权问题，特别是无意侵权，在道德范围内是可以原谅的，也可以通过简单协商得到解决，而对于有意、恶意侵权行为或超越了道德底线的侵权行为，往往是不可原谅的，要想通过简单协商解决也是不容易实现的。

(3) 容忍界限——用来确定对侵权的容忍限度或容忍底线。是非界限与道德界限划分的是一般性质的界限，或者是可按基本规则来界定并处理的非特别问题。容忍界限是针对行为与影响恶劣，是消费者与全社会所有不能容许、容忍的底线。如对恶意、肆意的侵权行为，特别是性质恶劣、严重丧失道德，突破了道德底线，会为社会、消费者带来严重后果的，绝不能容忍姑息，就应让其付出应有的代价。

六、不要让道德被利益所绑架

道德是一种无形的自律与社会约束力。道德一旦被追求利益者所利用、所绑架，用来实施侵权、获取利益甚至换取利益，就会暴露出有意、恶意侵权者道德沦丧的本来面目，这也正是造成社会道德风气日下的重要原因之一。

（一）道德的含义

道德是一种社会意识形态，它是人们活动及其行为的准则和规范。不同的时代、不同的阶级有不同的道德观念，没有任何一种道德是永恒不变的。道德往往代表着社会的正面价值取向，起判断行为正当与否的作用。

道德不是天生的，道德由一定的社会经济基础所决定，并为一定的社会经济基础所服务。人类的道德观念是受到后天一定的生产关系和社会舆论传播、社会活动影响而逐渐形成的。不同的时代，不同的阶级往往具有不同的道德观念。不同的文化中，所重视的道德元素及其优先性、所持的道德标准也常常有所差异。

道德是判断一个行为正当与否的观念标准。道德是调节人们行为的一种社会规范。按照孔子的思想，治理国家，要“以德以法”，道德和法律互为补充。同时，法律反映立法者的意志，顺应民意的立法者制定的法律条文，反映了社会道德观念在法律上的诉求。

道德具有普适性，对整个社会的所有人，不论身份，皆可适用。法律面前人人平等，道德面前人人也是平等的。《大学》：“自天子以至庶人，一是皆以修身为本。”“人之有阶级、等差，各国均不能免。他族之言平等，多本于天赋人权之说。吾国之言平等，则基于人性皆善之说。以礼之阶级为表，而修身之平等为里，不论阶级、等差，人之平等，惟在道德。”

道德是人们评价一个人的一个尺度。一个人若违背社会道德，那么人们就会给他负面的评价，从而对他形成一种来自周边人群的社会压力，约束他的行为。另一方面，对很多人来说，道德是个人良心的自觉遵守，无需周边人群的社会压力制约。人们对一个人的道德评判，主要来自于这个人所表现出来的言行。所谓“有言者不必有德”，口头上标榜仁义道德的不必定真的有仁义道德，因此人们往往“听其言而观其行”然后做出评判。

（二）道德的基本特征

在我们的现实生活、工作中，经常讲到或遇到的道德概念主要有以下几种：

（1）社会道德。是综合反映一个社会在发展过程中全社会道德水平状况和变化的描述，通常用“社会道德风气”来衡量社会道德的变化。

(2) 公共道德。也称为社会公德，主要反映公民、组织、企业在社会活动中的公共道德行为；全社会公民、组织、企业的公共道德水平越高，社会发展就越健康、越和谐，反之，社会发展中就容易出现各种不应该出现的基本道德问题，影响社会的正常、健康、和谐发展。

(3) 职业道德。主要反映员工在从事职业活动过程中对组织、团体、企业等的道德行为和对社会的道德行为两个方面。当职业活动中发生与社会公共道德观念、行为、利益等冲突时，应当以遵循社会公共道德优先为原则。

(4) 个人品德。主要反映一个人的道德教育、道德素养、道德言行的“品行”。

道德是一种无形的理念，在老百姓眼里，道德是良心，道德有善恶之分，人们所说的“善有善报、恶有恶报”。但在一定的条件下道德可以产生物质或价值，如慈善行为就是道德的作用，有意、恶意侵权就是在为了利益的道德作用下的行为。

道德存在于社会活动的每一个地方、每一个角落，它是建立社会规则的基础，同时也是社会的无形规则或是超越社会规则的无形力量。

道德是社会和每一个人言行的圆心、原点，有时它的力量可以无穷大，凝聚人心，规范行为，推动社会的健康发展；有时它的力量又很脆弱，很容易受到伤害和破坏，也很容易成为个别人、团体、组织、企业谋取利益的工具。

道德是社会精神文明的一种标志，与每一个组织、团体、个人的社会责任、企业文化、道德修养有着一种必然的联系，是检验社会文明的标准之一。

中华民族传统道德美德的基本要求是，做人要善良诚实，做实业要诚实守信，做服务（经营）要诚信为本、童叟无欺，这既是真、善、美的真实体现，也是道德规则的底线。道德无处不在，当规则不完善、有缺陷时，社会的健康发展靠的是道德的无形约束，这也是道德的力量。

（三）道德的力量

诚信是道德的重要基础，我们通常所说的一个人的道德好坏往往是指一个人是否善良与诚信。从另一个角度看，一个人如果失去了诚信，人们一定会认为这个人缺乏道德，不讲信用。一个企业、组织、社会如果失去了诚信，那么其道德修养肯定有问题。社会的道德标准可能随着社会的发展而有所变化，但诚信这个基本道德基础是不会变的。

道德可以转化为精神力量和行动力量，从而产生巨大的物质利益，也很容易受到外来的干扰，严重影响甚至起到左右人的行为和破坏作用。它主要表现出三种力量：

（1）约束力——道德准则是全社会任何组织、团体、个人最基本，也是最深远的约束力。对有道德基础，注重道德修养、诚实守信的人而言，道德的约束力是无形、有效的，规范着每个人的社会基本行为，维护着社会的基本道德传承。对缺乏道德的人，道德的约束力是有限的，甚至是无所谓的。

（2）凝聚力——也称感召力，是道德的真、善、美所具有的无形力量。善良道德可以产生爱心，成就社会的慈善行为，在一定条件下可产生无比的感召力，从而凝聚人心、汇集力量，形成有利于社会健康发展的推动力。

（3）破坏力——道德的真、善、美被歪曲，被利用，就会对社会产生消极的、不利的甚至是破坏性的作用。如为了利益，利用道德、绑架道德甚至出卖道德，假冒伪劣产品和侵权行为就会盛行，直接影响公共道德与社会经济的健康发展，甚至造成社会矛盾激化，成为社会不稳定的重要因素。

（四）道德与侵权的关系

利用道德的有限约束力和人们普遍善良的道德来实施侵权已成为社会道德风气日下的重要原因，也是侵权者道德沦丧的真实写照。

社会是以一定的社会道德为圆心、为基础建立的。道德覆盖了整个社会，但道德的约束力是有限的，特别是对一部分人和组织、机构的有意、恶意违反道德的侵权行为是无法或难以约束的。或者说，除了无意（过失）侵权外，有意侵权特别是恶意的侵权行为，首先是道德出现了问题。也有一些侵权行为会发展、升级，由无意到有意、由轻微侵权到严重、恶意侵权。如果不发展或发展程度低，说明有基本的道德，维权也可以及时解决，如果持续发展得不到有效解决，说明经过检验侵权者的道德水平很差，在用道德来换取利益或名誉。

道德是无价的，它无法用经济价值来衡量。但侵权是为了利益，是可衡量的。

道德是"催化剂"，道德的真、善、美既可以使人们的行为高尚、善良，使人类的美德放出光芒。违背道德也可以使人利欲熏心、不择手段做出许多不道德的事情。

道德是"稳定剂"，它使善良的人们受到良心的约束，在道德的范围内从事着自己的一切活动，"君子爱财，取之有道"、"诚信为本"是他们的基本信念，很难出现有意侵权行为，即使有侵权行为也很容易得到解决。

因此，道德一旦与侵权结为一体，那必定是道德出现了问题，侵权越多、越严重、越恶劣，道德水准越低，维权的难度就越大，问题越难得到解决。

（五）道德与规则的关系

规则应该是建立在道德基础上的公平体现，道德也可以作为规则是否合理的最终检验标准。尽管时代不同，道德和规则也会有所变化，但合理和道德的规则会引导社会随着时代的发展而发展，不合理、不道德的规则会影响社会的进步，扭曲社会的道德发展方向，最终会阻滞社会的发展。

所以，在涉及道德问题的规则制定中，从一个侧面体现了制定者的道德水平。

道德覆盖了全社会，有一定的约束力，但道德的约束力是有限的。对讲道德的人来说，它是一切行为的基本准则，但对另一些人来说，他们的行为难以用道德来约束，这就要靠规则来约束。

不同的规则具有不同的约束效力，一旦不受普通规则的约束，就要靠法律规则来解决，但由于社会的快速发展、变化等等原因，我国的法律尚不完善、不健全，仍然有漏洞，使得一些不道德的行为如有意、恶意的侵权行为在法律面前也难以解决，最终就只能依靠道德的谴责与约束。这时，我们又回到“道德的原点”，因为道德无所不在，当法律无法约束时，侵权者必将严重违背了基本道德准则，为全社会所不容、所谴责、所鄙视，侵权者只能生活在一个空幻的、没有道德底线的世界了。而此时，也是整个社会的悲哀。

当道德与规则发生矛盾、冲突时，道德往往会站在大多数人这一边，规则可能会维护少数人的利益，或是因少数人为了自己的利益制定的不合理规则。

规则与道德成正比关系，规则越合理，社会道德水平越高，道德对规则的执行也更有约束力；反之，规则越不合理，道德水平越低，道德对规则的执行就越没有约束力。

（六）道德与界限的关系

道德的基础是诚信，没有诚信就谈不上有道德，没有诚信的积累，也难以判断是否道德。诚信的基础是诚实，无数次的诚实积累自然就是诚信。

每一个人都有基本的是非、道德界限。绝大多数人不会去做违法的事，这是是非、道德、规则的界限和底线。是非与道德往往是相连的，只不过因人而异，有所不同，有的人是非与道德界限、底线是一致的或大体上是一致的，有的人在一定条件下没有是非界限，甚至没有道德底线。

正直的人，对待许多问题特别是经济问题的态度是“君子爱财，取之有道”，更不会为了金钱严重丧失道德或出卖道德来换取金钱，“不义之财”就是道德界限，也是道德底线。

善良的人，是“宁愿人负我，不愿我负人”。在他们心中，“负不负人”就是道德界限，也是道德底线。

诚实的人，不愿说假话，不会作假证，更不会去造假伤害他人。在他们眼里，“不作假”就是道德界限，也是道德底线。

有界限、有底线、有道德，行为才会受约束；无界限、无底线、无道德，行为就不会受约束，这就是道德与界限的基本关系。

可以说，每一个人心中根据不同的事物有不同的界限，包括基本的界限、最后的底线，从中就可以看出每个人的道德水平的高低。一般人是不会突破道德底线的。

七、维权的成本与风险有多大

侵权者在不断创造低成本、低风险甚至零成本、零风险的侵权奇迹，维权者还在努力寻找规避高成本、高风险的维权方式，甚至不惜走向原始、暴力的维权老路，这是现代文明发展的悲剧。低成本侵权、高成本维权最终必将导致社会管理为此而付出高昂的代价。

（一）成本的含义

成本是一个经济学概念，它的基本含义是为了实现一定的目标或目的所付出的全部投入，包括直接投入和间接投入。

侵权成本是指为侵权所付出的全部投入；维权成本是指为了维护自己的合法权益而付出的所有投入，包括人（人员、时间、精神、精力、名誉）、财（费用）、物（条件）等的直接投入和间接投入等。

（二）低成本、低风险的侵权

一般情况下，侵权成本由两部分组成，即为侵权而付出的投入和为解决因侵权造成的投诉直至诉讼而付出的投入。简单地理解为：**侵权成本 = 侵权投入 + 解决投诉投入 + 侵权风险**。

一是在侵权投入方面。侵权企业并没有或需要进行专门的投入，它只是利用企业现成的为了实现企业内部管理、监管和控制等方面的条件（如监控、录音、OA 系统等手段）和在相关的服务协议（条款）的制定中设计、嵌入了一些不合理的条款和可扩展功能，从而为服务过程中实施侵权行为创造了条件，同时用有利条款来规避自己的责任。可见，侵权的成本非常低，人、财、物投入几乎可以忽略。

二是在解决侵权投诉方面。为了降低企业的管理成本，多数企业没有专门的投诉解决机构和设有专门的工作人员，消费者对他们的投诉问题基本上是由售后服务机构和人员或内部监督机构或人员来负责，所有的售后服务或监督机构的设立和作用是针对内部管理与市场营销的需要而并非为消费者投诉而专门设立，如果有也只是兼职，所以只有在解决投诉问题时才根据需要而临时落实人员。即使设有投诉解决机构和专职工作人员的，它的主要职能与作用也主要是针对解决内部协调，而非为消费者方便投诉而设立。比如，我们很难从网络、企业服务中心等公开渠道找到要投诉企业的上级投诉电话或联系方式，更不容易找到上级监管机关，这就充分证明了这一点。因此，可以说只有有了投诉，才可能有人来负责投诉问题的解决，而此时仍然不一定产生费用，因为解决投诉问题只是这些人员工作内容的很少一部分。只有当投诉涉及有专人、需要调查时才从理论上产生费用，而实际产生费用只有涉及赔偿或诉讼时才有相应费用支出。

三是在解决侵权赔偿方面。赔偿数额与侵权受害者只是一对一的关系，一般也只是对维权成功者的直接损失赔偿，并不是损失的全部或加倍、多倍赔偿，更不是对所有的侵权受害者给予的赔偿。我们作一个简单数学计算，有 100 个消费者受到侵权，大约有 10 个进行了维权，其中有 5 个维权成功。按照 3 倍给予赔偿计算（这个比例已经是相当高了），等于 15 个消费者得到了正常赔偿，那么，对侵权者来说，就有 85 个消费者的利益被侵权者所获。以一张信用卡 20 元的侵权受益计算，截至 2012 年底，银行累计发放信用卡 3.31 亿张，以一个银行 1000 万张计算，侵权收入高达 $1000\times20\times0.85=1.7$ 亿元。可见侵权的成本以及解决投诉的成本几乎可以忽略不计，而侵权的回报则是暴利性的。这正是企业一再肆意侵权的内在动力所在。如某银行“主动”为消费者办一张“USB Key”的收费标准为 25 元，其中大多数消费者并不需要而被办理。

四是在侵权风险方面。第一是侵权行为风险，侵权行为相当一部分已由网络自动控制实现，“看不见”，“摸不着”，“找不到”（侵权人、证据），又有有利的规则规避责任，并且企业侵权往往是一个集体行为，一旦面对投诉，这只不过是他们正常工作内容而已，可以在不同的人员与岗位之间相互推诿，还可以一级推一级，再从上级向下级推，层层推诿扯皮，打“消耗战”、“人海战”来消磨投诉人的意志，从而达到自动放弃投诉的目的。因此，侵权行为风险几乎是没有的。第二是名誉风险，只要拿出侵权收益的极小一部分，加强企业正常的形象宣传，加强规则保护措施，引导社会舆论，个体、少数消费者的投诉维权并不能损害他们的形象，他们根本就不在乎，更不存在风险。

（三）高成本、高风险的维权

维权是高成本的，而且付出成本未必能实现维权或达到维权目的，因此，维权反而是高风险的。

维权成本主要包括侵权造成的（直接、间接）损失、维权投入（取证、投诉、诉讼等直接和间接人、财、物投入等），以及相关损失（如健康、精神、名誉损失等）。简单地理解为：**维权成本＝侵权损失＋维权投入＋维权过程损失＋维权风险**

一是侵权造成的损失有直接损失和间接损失。直接损失主要包括因为购买产品或服务而产生的交通、通信、时间安排等直接投入损失，因为侵权造成了产品或服务失效、连带付出等前期损失；间接损失主要包括因产品或服务失效后带来为此而付出的时间、交通、通信和连带反应造成的其他后期损失，以及精神、健康等损失。

二是维权投入。主要包括为了维权所要作的相关咨询、取证、协商、投诉、诉讼等工作准备以及产生的交通、通讯、材料、打印、律师等投入和为此而投入的时间、精力、精神等成本。

三是维权过程损失。主要指为了维权付出了一定或大量的维权投入，在这个过程中，这些付出可能有三种结果，第一种是因为维权没有结果而又白白付出，为了维权反而增加了损失；第二种是虽然维权有了结果，但本应该给予的赔偿而实际仅仅给予了补偿（只是侵权的直接损失甚至是侵权直接损失的部分弥补），根本谈不上赔偿或加倍赔偿，更没有对为了维权所付出的投入给予补偿；第三种是理性维权为了取证，与侵权者的长时间的“消耗战”，以及侵权者的不讲道德的言行给维权者造成的精神、名誉、健康等方面的直接危害和损失，甚至是长远的危害后果；第四是在维权过程中有可能遭到侵权者的继续侵权、变相侵权等损失。因此，维权过程中的损失和风险是很大的，甚至超过侵权本身的损失。

四是维权风险。主要体现在随着维权投入和过程的增加，维权的风险也在增大，投入越大，风险越大。对于消费者来说往往是一个个体，他有主动、刚性消费需要时，侵权者对他的侵权往往更容易，也更直接伤害他的权益并造成连带后果。一旦有侵权行为，为了维护自己的合法权益，不得不进行专门的、反复的协商、咨询、投诉等等，甚至连投诉单位也不容易找到，由于时间、经济、知识、精力、证据等等原因，给消费者维权不仅造成了经济上的困难，更带来了许许多多不可预见的问题和风险包括了解、学习、掌握与侵权相关的知识、内容等等。消费者的维权行为不仅要有直接的时间、费用、精力等投入，还要在精神、健康等方面受到无形的伤害，而投诉维权结果不确定性，所以才有了“谁维权谁自残，越维权越自残”这样的结论，充分说明了维权的风险性。

（四）维权成本与权益

维权成本与权益本来是两个毫无关联的名词，在这里，维权成本是维权的投入，而权益是维权的目的，要维护自己的合法权益就要有投入。但事实上，在中国，维权不但要付出成本而且要付出高昂的成本，而且付出高昂的成本并不意味着能维权，有回报，因此成本在客观上与权益没有关系，但实际上要维权对于大多数人来说，首先要考虑的是维权成本是否太高（许多维权因不愿浪费时间而放弃），维权是否有结果或者说自我权益是否能得到保护。

我们试想一想，如果为了权益而维权，为了维权而投入，即使有充分的证据，而结果是不但没有达到维权目的，反而付出了更多，那么，从维权的初衷、维权的付出，从经济学的角度等来看，这样的维权值得吗？从社会学的角度来看，这个社会还公平、正义吗？从道德的角度来看，这个社会还有诚信、道德吗？这样的维权是维护了自己的权益还是维护了侵权行为？

（五）维权成本与社会管理

从社会学角度来看，维权成本如果仅仅体现在消费者个人，那只是个体问题。事实上，维权远远不是个人、个体或少数人的问题，而是一个带有普遍性的社会问题，社会为此付出更大的成本，承受着更大的损失。

首先，它消耗了大量的社会自然人的时间、经济、精力（人力、物力、财力）等等，本来这些消费者是为社会创造财富，但为了维权不得不抽出大量的时间等来解决侵权问题，因此，造成了社会人、财、物资源的极大的浪费和损失。

其次，大大降低了社会诚信度、社会道德水平，使得大量的社会消费需求因为害怕受到侵权伤害而放弃或抑制了消费，特别是服务产业的消费在一定情况下并不是必需的消费，人们为了自我保护，无形中大大削弱或抑制了社会的正常消费，不利于社会消费的增长和消费水平的提高，更不利于服务产业特别是现代服务业的健康、持续、快速发展，也直接影响了社会发展水平的提高。

第三，大多数投诉问题得不到有效解决，引发了大量的社会矛盾，出现了大量非理性维权方式和突发事件，形成了社会不安定因素，也增加了解决问题的难度，因此，为了有效解决这些问题，不得不大量增加社会管理机构和人员，从而大大提高了社会监督、管理成本，浪费了社会的人力、财富、资源（条件）和时间。

(六) 成本与规则、界限的关系

规则完善、合理、清楚，界限就明确，对有基本素质、道德和社会责任感的每一个人、组织、企业都会自觉遵守、努力去维护，社会运行则自然相对规范、和谐，违规、有意恶意侵权行为的发生就会大大减少，每个人、组织、企业的生活、生产、工作成本以及社会管理成本就会大大降低。

如果规则不完善、界限不明确，甚至有不同的规则，就会出现界限的不明确或混乱，造成有的因为理解不同而产生矛盾或纠纷，有的因站在自身利益而选择有利的规则，也会出现利用规则的矛盾和漏洞进行有意恶意侵权行为，从而大大增加消费者消费和社会管理成本。

如果规则缺失，对是非、道德就缺乏评判的界限或标准，更容易引发各种社会矛盾，更容易造成缺乏道德的个人、组织、企业钻规则缺失的漏洞，利用自身的有利地位和条件，制定不合理、不道德的伪规则，来合理地实施隐匿或公开的侵权行为，严重侵蚀公共道德，败坏社会风气，造成种种社会矛盾，极大地提高了消费者消费和全社会管理的成本。

(七) 成本与道德的关系

对无意侵权，主要是因责任过失或客观意外原因造成，成本与道德没有直接的关系，只是侵权者会从良心、道德的角度自我感到愧疚并承担相应的责任。此时，一般来说维权成本低，也很容易通过协商来解决。

对有意侵权、恶意侵权，成本与道德有着密不可分的关系。侵权行为越严重，侵权性质越恶劣，说明侵权者的公共道德或个人品德就越差，侵权者为了利益不惜用道德作为代价（成本）。一般来说，侵权者想获取的利益越高，付出的道德代价（成本）也越大，但侵权的直接经济投入成本就越低。而侵权受害者的直接、间接损失相对来说就越大，维权的难度就越大，因为与一个缺乏道德的侵权者来争取维权，所付出的维权成本必然会更高。同时，带来的社会矛盾、社会道德风气问题就越严重，造成社会管理的成本就会越高。

八、道歉是社会文明的基本体现

道歉是社会文明的一种表现形式，也是判断是否具有最基本文明素质的界限。对于侵权行为，主动道歉是自觉文明，被迫道歉是被动文明，不予道歉、不能道歉、拒不道歉如果说是一种文明，也只能列为虚伪、无耻的文明之列。

（一）什么是道歉

道歉是因自己不当或过失言行造成对他人一定程度伤害的一种负责任的态度与言行，其核心一是认可自己的不当言行，二是体现一种负责任的态度。

歉意与道歉并不完全是一回事，歉意有道歉的含义，但不足以表示道歉的真诚态度，二者之间有着很大的区别。首先，从文字上理解，它们是不同的文字，如果含义完全相同，就不需要、不会有两个相同含义的文字；其二，从字面上理解，歉意表示的诚恳程度很弱，往往是体现一种形式，道歉更表示一种诚恳的态度；其三，道歉可以包含歉意，而歉意无法包含道歉，道歉的涵盖范围、力度要大于歉意；其四，在实际使用中，因时、因地、因人、因事的不同，有不同的使用范围或产生不同的效果。如歉意往往在外交、官方的书面语言中较多使用，而道歉则使用更为普遍。

在一定条件下，有意不恰当地使用"歉意"来表达道歉，实质上是蔑视事实、有意狡辩、逃避责任的一种行为。

道歉的基本目的是侵权方为了得到受伤害方的谅解，同时是对自己不当或过失言行的自责，求得自己心里的平衡或是自身道德素养的内在要求行为。从这个角度看，道歉具有主动性、自纠性特征（如现代企业的召回制度等等），也体现出侵权方的基本道德素养、对侵权危害和后果的认识水平。

（二）道歉方式与效果

1. 道歉的方式

侵权受害方根据侵权损失程度、性质以及侵权方的态度提出相应要求，一般可分为：

（1）口头道歉——是最普遍、最常见、最基本的道歉方式，一般出现在侵权现场，也有通过电话等传递方式给予的非现场方式的道歉，其特点是范围小、影响小，道歉比较及时，而且有相当比例是属于侵权方主动道歉；

（2）书面道歉——是最基本的道歉方式。经常用于正式场合（如公开道歉）或正视受害者的要求，常见的有书面正式文字信函（道歉函、道歉信等）、传真、电子邮件等形式的公开或非公开道歉；

（3）公开道歉——道歉范围主要依据侵权所造成的影响范围、严重程度和受害者的要求来协商或法院判定来确定，道歉的方式包括口头、书面、上门以及其他方式等等；

（4）非公开道歉——一般是侵权方造成的影响范围较小，或侵权方协商并经受害者同意在有限范围或只直接对受害者给予的道歉，道歉方式包括口头、书面、上门以及其他道歉等等；

2. 道歉的效果

道歉是侵权者承担责任，对侵权受害者的一种心理慰藉，其关键在于三个方面：

一是态度。道歉的诚意至关重要，越主动、诚恳越容易化解对方心结，达成对方谅解，有利于解决经济赔偿问题（如涉及赔偿）。主动道歉不但赢得了主动，也往往赢得了时间；

二是时间。越及时的道歉效果越好，为了逃避责任，拖延的时间越长，问题就越难解决，由此引发的问题也会越多，如果有赔偿则造成的经济赔偿也会越高；

三是方式。在主动、诚恳、及时的前提下，才有可能提供或选择更多、更合适的方式来更好地解决侵权问题。

从道歉的效果分析，凡是内部规定不能道歉，心里没有道歉意识或没有诚意道歉，道歉不及时、方式不恰当等，都有可能达不到良好或预想的道歉效果，甚至造成后期难以弥补的问题。因此，应注意道歉的关键要素，把握好道歉的时机。

（三）道歉的作用

道歉，尤其是口头道歉，说白了在一定意义上只是一个形式。形式并不重要，但这一形式所代表的含义、作用非常重要。其作用在于：

首先，因为有侵权就应该有责任担当，有责任担当就要有道歉。它是对侵权行为责任的确认，如果没有这个形式或过程，有可能侵权方对是否侵权与受害方双方之间还可能有争议甚至根本不承认有侵权行为；

其次，它是侵权方态度和素质的综合反映。从道歉的及时程度和基本态度，可以看出侵权方的基本素质、内部管理水平和对待投诉的基本态度；对受害方则是一种精神慰藉，表示一种诚意；

第三，对无意的、一般性侵权往往只需要一个道歉的形式，表明一种承认过失或责任的态度；对有意、恶意侵权行为是一个警告、一次提示和反思，同时根据造成的影响大小、后果程度，有些需要正式的、书面的或公开道歉，既是挽回侵权所造成的不良影响，也是对侵权方的一种惩罚。

第四，它是对有意、恶意侵权者追究赔偿的前提或依据。之所以不少侵权者千方百计回避道歉，就是害怕因此而承担赔偿责任。因为，道歉意味着责任，但正是如此，有许多本来一个道歉可以解决的问题，到后来发展到丧失信用，失去机会，最后不得不赔偿、不得不多赔偿的结果。

第五，它为企业经营者完善制度、加强管理、合理流程、堵塞漏洞、规范经营提供了一个极好的机会，同时，有利于推动企业文化的健康发展和提高全员的整体素质，从而有助于促进企业的长远发展。

（四）不道歉又能怎样

在现实生活中我们经常遇到“不道歉又能怎样”的事例。

确实，侵权不道歉消费者并不能怎样，但不道歉这一现象却折射、反映出许多问题。

首先从文明程度看。随着社会的发展，科技的进步，我们生活在更加文明的社会，享受着社会的文明成果。但文明需要我们每个人、每个企业来共同付出、共同维护、共同创造。如果我们只要求享受文明而不维护、创造文明，就会阻碍社会文明的发展。应该说文明的行为是随着社会发展、进步的自然体现。现代服务业的发展正是现代文明发展的产物，也是现代文明社会的有力推动者。现代服务企业规定不能道歉、从业者不知道做错了需要道歉，这是现代服务业发展的变异，说明其发展从一开始就先天不足，缺少了文明的奠基。所以，不道歉是现代服务业低水平文明程度的真实表现，根本无法适应现代社会的发展。

其次从道德水平衡量。侵害了消费者的权益而连基本的道歉都没有，从道德上讲也是不可以的。为什么，道歉与不道歉是道德与不道德的体现。让我们用一个常识性、普遍性的公共道德行为比喻来说明一下。如果在公众场合不小心踩了别人的脚，一般人会条件反射说声“对不起”，这一声“对不起”往往透露出这个人的基本素质，也表达了对别人的歉意，很容易得到别人的谅解。如果没有这一声“对不起”，至少别人会认为这个人没有素质。而此时，如果别人要求道歉或又踩了别人仍然不主动道歉，别人会认为他太没有素质。再如果他不但不道歉而且又有意踩了别人，仍然不道歉，只能说明这个人道德有问题。一般人这时会有两种极端的态度，一种是计较甚至非常计较这件事，一定要给予道歉，目的是教训对方，让他感到社会文明的压力；另一种是厌恶但并不去计较，为什么？一看这个人就是一个无赖，一般人无法、也不愿意与一个无赖去计较。这就是国人做人的最基本道德观念、理解和态度。

第三从责任担当分析。作为侵权者，主动给予侵权受害者道歉是一种责任担当的表现。不管用什么方式逃避责任，都是不负责任的表现，都是没有担当的表现。一般情况下，消费者并不苛求，也不会无中生有，只是在忍无可忍的情况下来维护自己的合法权益与人格尊严。我们希望侵权者能用文明的道歉来化解消费者的不满，更希望发展道歉的文明，用文明来对待文明，不要用野蛮甚至是无知、无德来对待现代文明社会和现代文明社会的发展。

中华几千年的经商史，始终奉行着“诚实守信”的基本理念和经验。但一些侵权者、侵权企业就是在做着有意、恶意的侵权而没有道歉的行为，甚至对投诉、诉讼也置之不理。

这不是一个理解问题，更准确地讲这是一个最基本的文明问题、个人职业道德和企业文化的核心——价值观的问题。对于不道歉又能怎样的企业和侵权者，往往一方面在千方百计、不择手段通过侵权来牟取暴利，而另一方面又大肆宣扬愿意为社会担当责任，他们大肆宣传自己的真实目的不是昭然若揭了吗?

九、赔偿是侵权者的基本责任

赔偿是体现责任担当的一种方式。侵权行为特别是有意、恶意侵权者对受害者给予赔偿是天经地义的，不应免责，而更应该给予惩罚或严惩，只有这样才能维护消费者的权益，遏制、打击肆意侵权行为，净化社会风气。

（一）赔偿的含义与作用

赔偿的概念是指因自己的言行错误使他人受到伤害、造成损失而给予的补偿。

由此可见，赔偿与损失（伤害）应该是对应的关系，有损失，就有赔偿；赔偿小于损失属于补偿性赔偿，等于损失是等值性赔偿，大于损失为惩罚性赔偿。实际上，因为许多侵权行为（包括客观意外、责任过失等非主观原因）造成的损失都是无法计算的，因此，往往无法做到等值赔偿。

赔偿一般是道歉的延伸，是侵权受害方通过维权手段争取、或是侵权方无意或过失侵权行为造成受害方的损失主动提出产生的结局。

侵权的发生，受害方通过投诉维权来弥补造成的损失。有些赔偿可以弥补造成的损失，有些赔偿根本无法弥补造成的经济之外的损失，如时间（包括机遇、机会）、名誉、精神（包括精力）、健康（包括心理、生理）以及间接、连带的损失等等，只有侵权受害者自己承担了。因此，本质上看，赔偿只是侵权方对侵权受害方在一定程度上的经济或通过经济方式给予的补偿。

由侵权造成的后果给予的赔偿，从概念上理解，它不是一个商业经济行为，即不是通过“讨价还价”来确定赔偿数额，而是对造成的损失按照损失大小、法律法规的赔偿标准给予相应的赔偿。但现实的社会中，绝大多数侵权造成的损失赔偿，都是在各方面共同的“协商、努力”下形成的结果，根本无法弥补造成的损失，甚至是消费者还要委曲求全“自愿接受”这种协商、调解结果，这实际上严重违背了法律公平、公正的宗旨和有损法律的尊严，使侵权的认定、赔偿的确定成了“一场讨价还价的商品交易过程”，同时，也逐步形成了国人对社会“有法而无法”的基本认识和看法。

（二）赔偿的目的

有侵权行为造成的损害，就要有赔偿，不论是无意侵权还是有意、恶意侵权。因此，赔偿不但体现了基本的责任，也赋予了基本的道德内涵，也是维护社会公平、正义的基本前提。它的主要目的是：

一是有利于体现社会公平，让侵权者承担责任。从社会规则来看，侵权与赔偿是一种规则制衡，有侵权损失，就有维权赔偿，并以此为基础，建立公平竞争的市场规则，也体现了社会规则的公平原则。

二是有利于打击违法侵权行为，维护社会正义。对客观或过失原因造成的损失，应该是对应的补偿性赔偿；对有意或恶意侵权造的损失，应该加倍或多倍赔偿，这是一种惩罚性赔偿，是打击有意、恶意侵权行为，维护社会正义的必要措施。

三是有利于弘扬和发展传统文化，鼓励公平竞争。通过加强监管，遏制、打击有意、恶意侵权行为，来倡导诚实守信的企业文化，规范社会行为，规范企业行为，净化社会风气，从而创造公平竞争的良好发展环境，有利于弘扬和发展传统文化。

（三）赔偿的分类

1. 按赔偿的形式分

（1）直接赔偿——是指对造成的损失给予的直接赔偿，如赔偿同样的实物或服务内容，或给予等价计算的经济赔偿等。

（2）间接赔偿——包含两层含义，一是指因为侵权是非直接的或侵权造成的损失是间接的，所以赔偿也不是直接而是间接的；二是赔偿的方式是非直接的，如通过另一种产品（服务）或其他方式对所造成的损失给予的赔偿。

2. 按赔偿的价值分

（1）补偿性赔偿——赔偿计算的损失不足以弥补造成的全部的经济损失（包括直接损失、连带损失、间接损失），或虽然可计算的经济损失得到了赔偿，但时间、精神、名誉等方面的损失因为难以计算而无法得到或只是象征性得到赔偿。

（2）等值赔偿——按照侵权造成的损失计算给予等值的赔偿。主要用于无意侵权（客观意外、责任过失）造成的直接、间接损失赔偿。但客观上很难计算出准确的侵权损失，因此，等值赔偿实际上是补偿性赔偿。

（3）惩罚性赔偿——因侵权方有意或恶意侵权行为造成受害方损失，受害方通过投诉维权获得的损失内经济补偿和损失外加倍、多倍的惩罚性经济赔偿之和大于造成的损失。如按有关协议给予受害方数倍的赔偿（假一赔十等）。

3. 按赔偿的类型分

（1）实物损失赔偿——按侵权产品、服务项目（如假冒伪劣产品、不符合标准的服务项目）给予符合质量要求的新产品或符合标准的服务的直接赔偿；

（2）经济损失赔偿——对侵权行为造成的直接、间接损失给予等值或一定数额的惩罚性经济赔偿；

（3）精神损失赔偿——对侵权行为造成受害方精神损失给予的一定数额的经济赔偿；

（4）健康损失赔偿——对侵权行为造成受害方生理健康损失给予的一定数额的经济赔偿；

（5）名誉损失赔偿——对侵权行为造成受害方名誉损失给予的一定数

额的经济赔偿。

(6) 其他损失赔偿——侵权行为造成的其他损失给予的赔偿，如无形资产、知识产权、付出时间等等其他未列入赔偿范围的应赔偿损失。

（四）为什么要赔偿

为什么要赔偿？我们反过来思考这一问题，为什么不能赔偿、不要赔偿、不让赔偿？

1. 赔偿是一种社会规则，也是基本公理

“损坏东西要赔偿”是我们从小就知道的道理，也是遵守的原则，而“损坏”的前提往往指的是无意或过失行为造成，并非故意行为造成的。对无意、过失的侵权行为可以根据情况在道歉的前提下放弃赔偿要求，但对有意、恶意的侵权行为其目的就是窃取别人的权益，是不道德、不文明、不能容忍的行为，为什么要放弃自己的权力、无视自己的利益而不要求赔偿呢？

2. 赔偿是侵权者对自己行为负责任的体现

不管什么理由、什么原因，对造成的损失给予赔偿是侵权者的基本责任，正常行为。作为侵权者，特别是无意侵权者无能力赔偿另当别论，但对于有意、恶意侵权者来说，不愿赔偿、不能赔偿是缺乏基本责任的表现，严重者如拒绝赔偿更是缺失基本道德的表现。

3. 赔偿是对侵权受害者的一种补偿

侵权受害者受到的损失包括直接的经济、时间、精神、精力等和其他间接损失，往往是多方面的，而一般的赔偿仅仅是直接的经济补偿性赔偿，不是全部损失的赔偿，但可以弥补受害者的一部分损失，同时给予一定的心理慰藉。

4. 要求赔偿是有效遏制和惩治有意、恶意侵权行为的重要手段

有意、恶意侵权行为的目的就是侵害利益或相关权益，每个消费者自觉行使自己的权力，维护自己的权益，就会有效遏制和打击侵权行为的泛滥。如果每个消费者都容忍、宽容、放弃赔偿要求，就等于无形中助长、放纵了侵权者，受害的将是每个人、全社会。

5. 要求赔偿是每个消费者应尽的社会义务

打击侵权，有利于规范消费秩序和建立良好的消费环境，维护社会的和谐，净化社会风气，弘扬中华民族传统美德，这也是每个消费者特别是侵权受害者应该尽的社会责任与义务。

6. 要求赔偿是对侵权企业的有效监督和帮助

改革开放以来，我国的技术和装备水平有了很大提高，许多方面已处于世界一流水平，但我们的产品质量、管理与服务水平差距很大。要求赔偿对维护公共道德、加强企业文化建设和提高管理与服务水平能起到有效的监督和帮助作用。

十、要达到怎样的维权目的

维权与其说是消费者的一种权力，不如说是消费者的无助与无奈。高成本、长时间、高风险的维权，是导致理性维权走向简单化、非理性，甚至暴力性维权的根本原因。

（一）维权的含义

简单讲，维权作为一个名词是指维护自己的合法权益不被他人或团体等伤害。

维权往往是一个综合概念，指消费者为了维护自己的合法权益不受他人或团体等伤害的整个行为过程，包括取证、协商、投诉、诉讼以及要求道歉、赔偿等，其中，投诉是维权的主体与核心内容，是实现维权目的的最主要形式。

但现实生活中，很多人并没有真正理解维权的全部含义，或者说对维权的理解和认识还有偏差或遗漏，往往只“维益”或只注重“维益”，而不是真正的“维权”。为什么？因为维权是一个综合的、宽泛的并有特定含义的概念，维护权益主要包括维护“权利、权益和利益”三个方面的内涵。

1. 权力

在这里是指国家宪法、法律赋予公民的基本权利和《消费者权益保护法》等法律赋予消费者的权利。权利不是利益，如消法中明确消费者具有知情权、自主选择权、人格受尊重权、监督权等等，它本身不是利益或有价值，一旦侵犯即构成侵权行为。

“权利”是法律赋予的、不可侵犯的，未行使时权利就可能仅仅是一种象征，一旦行使权力就可能与利益产生联系，但权利本身不是利益，因此，权利更重要的是体现一种尊严、自由、自主。

2. 权益

在这里是指与权利相关，可直接、或间接产生利益的权益或权属，但本身不一定是具体的利益或金钱。如消费者的知情权、公平交易权、自主决策权、财产处置权等等权利（权属）中往往依附着利益，只要权益（权利）受到侵害或转移，利益就会受到相应的损失或转移。如侵权行为可造成消费者的机遇丧失，时间拖延、延误或决策受到影响，投资（权益、权属）受损，财产处置不当等等，就会带来相应的后果或损失。而有意、恶意侵权者采取的种种侵权方式、侵权目的之一，就是为了直接或间接侵害、转移或占有消费者的权益，使其变为自己的权益或转移成为自己可掌握或支配的权属或利益。

3. 利益

在这里是指由侵权者造成消费者的直接、间接的经济利益，比较容易理解和量化。但这些利益损失只是可直接、间接量化的极少部分，远未包括消费者因自身权利或权益受损而造成的其他利益损失部分，更没有包括消费者为维权所付出的大量的时间、精力（人力）、精神、其他资金投入等和造成的其他如名誉、健康、连带等损失。

利益更多的是指具体的经济利益、或可用金钱来衡量的货币“数字”，维权的目的之一是维护经济利益，但绝不是唯一目的，甚至不是主要目的。但维权的结果往往可能是以经济利益的方式由侵权者给予消费者一定的补偿性赔偿或惩罚性赔偿。

可见，维权的内涵应该是：消费者为维护自己的权利受到尊重、权益得到保障或由此造成的损失得到赔偿，合法利益得到保护（包括直接利益，权利、权益可形成的无形或难以量化的利益以及为维权而付出的经济、时间、精力、精神等相关损失）的行为。

从这个角度分析，人们往往把“维权”简单理解为“维益”，认为维权就是“维益”，只是单纯的在维护利益。也有把权益等同于权利、权利等同于利益的认识和理解，不是主张和维护“权利、权益和利益”，在不少报道中可以看到有象征性赔偿的案例，充分反映了在认识、规则制定、维权行为、案件处理等方面的社会现实。

在维权中，维护“利益”固然重要，但维护“权利、权益”比维护“利益”更重要、更难量化、也更难实现。维权的过程，实际上是维护尊严、维护规则、维护正义、维护道德的过程，也是对有意、恶意侵权者给予道德谴责的过程。不难看出，对维权的理解和认识不足也是造成维权难、维权难到位、维权高成本的一个重要原因。

对有意、恶意的侵权行为，就应该让其付出沉重的代价，这样才能维护法律的尊严，维护道德的约束力，维护消费者的权益，真正起到有效打击、遏制有意、恶意侵权者肆意侵权的作用。

（二）维权的目的

维权的基本目的是维护消费者的权益不受侵害，包括财产、精神、健康、名誉、知识产权等权益。在现实生活中，根据不同情况维权的目的可分为四个层次：

1. 提醒告知

消费者的维权目的仅仅是让侵权者知道他们有侵权行为，但因各种原因，如侵权不严重、侵权者行为多为过失或客观意外，对消费者的提醒能及时改正，态度良好，或侵权受害者没有时间、精力，损失也不大，只是给侵权者一个提醒等；

2. 道歉谅解

消费者的维权目的只是让侵权者向侵权受害者道歉，表示对自己侵权行为的认可态度，这主要是针对过失或客观意外侵权行为而且侵权所造成的后果比较小，侵权受害者在侵权者主动、及时道歉的前提下，一般予以谅解；

3. 道歉赔偿

主要指不论什么性质的侵权行为，造成了一定的经济、健康或其他损失，或虽未造成较大的经济损失，但侵权者的侵权行为属于有意、恶意性质，或面对消费者的投诉采取推脱、误导、狡辩甚至欺骗等手段不予认可，使消费者一定要让侵权者承认事实、给予道歉、赔偿以示教育；

4. 惩治教育

除了要求正常道歉赔偿外，消费者投诉的另一个重要目的，就是对有意、恶意侵权行为以及对待投诉的态度极为不满，为了让侵权者受到深刻教训，承担相应的责任，维护社会道德风气，对侵权者进行的惩罚性赔偿维权行为。

（三） 维权形式的主要分类

1. 按维权人数来划分

(1) 个体性维权——指由侵权受害者个人或委托他人进行的单个维权行为；

(2) 集体性维权——指由侵权受害者群体或相关侵权受害者通过联合方式的集体或群体性维权的行为。

2. 按维权方式来划分

（1）理性维权——侵权受害者通过理性取证、协商或投诉以及诉讼等方式进行的维权行为；

（2）非理性维权——侵权受害者通过非理性的方式进行的维权行为，如干扰侵权者正常经营，过激言语甚至自残等行为，但没有构成违法行为或侵权行为；

（3）暴力型维权——侵权受害者个体或群体集体的采取带有威胁、强制、暴力等手段的维权行为，可归属为非理性维权类型，但维权行为本身已涉及侵权或违法行为嫌疑。

3. 按维权主体来划分

（1）受害者维权——由侵权受害者个人或群体直接进行的维权行为；

（2）受委托维权——由侵权受害者委托他人（包括律师）进行的维权行为，通常出现在法律诉讼阶段。

4. 按维权阶段来划分

（1）协商维权——维权的初级阶段，主要包括取证、协商或直接通过口头投诉、协商方式来解决侵权问题的维权行为。

（2）投诉维权——是最基本的维权方式，也是维权的主体阶段，通常在取证、口头投诉没有结果的情况下，通过反复交涉、书面投诉或向有关投诉解决机构投诉所进行的维权行为；在实际解决过程中如果不通过诉讼方式解决，则最终仍然需要通过协商来达成维权目的（在“维权知识”中将做专门的论述）；

（3）诉讼维权——在协商维权、投诉维权仍然不能解决问题的情况下或侵权行为十分恶劣、或对侵权者无法信任的情况下通过法律诉讼来维护自我权益的维权方式和维权行为。

5. 按维权内容来划分

（1）经济损失类维权——对侵权造成的直接或间接经济损失要求道歉、赔偿的维权行为；

(2) 精神损失类维权——对侵权造成的直接或间接精神损失要求道歉、赔偿的维权行为；

(3) 健康损失类维权——对侵权造成的直接或间接健康损失要求道歉、赔偿的维权行为；

(4) 知识产权类维权——对直接或间接造成知识产权侵权行为要求道歉、赔偿的维权行为；

(5) 其他类维权——对侵权行为造成受害者名誉及以上损失的综合性维权行为。

（四）维权程序和基本要素

通常的维权行为是一个递进的发展过程。如果受害方认为自己被侵权，首先要有初步或基本的证据来和侵权方交涉，向对方提出自己的要求，这个过程实际是一个协商过程，如果协商能够解决问题，成本最低，时间最短，效果最好；如果协商不能解决，一般侵权受害方就会投诉，包括直接投诉、向上级或外部投诉等等，在投诉过程中，还要通过协商来达成一致解决方案，许多投诉会反反复复对证据的认可和要求道歉、赔偿进行具体协商；如果投诉在内部得不到解决，那只有通过外部协调（如消费者协会、行业协会等），如仍不能解决，最终只能通过诉讼方式来解决。

也有少数维权行为，维权方考虑到各种因素，如时间不允许、地域不方便（异地）、维权难度大等，为了加快解决，往往省略部分程序，直接向侵权方最高管理机构投诉或向法院起诉进行维权。

维权的基本要素是：

侵权证据——证据充分、合理是维权的最主要要素。如果没有或缺乏有力的证据，会给维权造成许多困难，需要经过充分的、复杂的认定程序，甚至可能仍无法解决；

维权依据——在有证据对侵权行为认定的前提下，根据侵权行为的适用依据才能确定造成的损失大小和赔偿的数额与方式；

维权行为——有证据、有依据，还要有投诉等具体维权行为，双方才能协商、或通过有关机构协调、判定是否侵权以及如何解决。

（五）维权常用的方式方法

1. 常规方式

通过交涉、协商、投诉、诉讼等方式，但90%以上的侵权问题得不到解决；

2. 媒体推动

重大、典型侵权案件通过媒体揭露来推动事件的有效解决，效果比较理想；

3. 网络呼吁

网络是一种新媒体，它与其他媒体的不同之处在于它更多地体现出一种工具性，即每一个人都可以直接利用的工具，其次才是它的媒体属性。通过网络提出、公布、揭示一些网民、社会比较关注的问题，可以达到有利于问题的解决目的；

4. 关系支持

有证据不一定能顺利维权，但通过有一定权力和关系的机构或人士帮助可以促进维权的顺利解决，这也是中国特色；

5. 协商

是最普遍、最基本的是维权方法。当自己的权益受到侵害时，及时与商家协商解决问题。其优点是可以在第一时间得到商家解释并交涉协商事宜的解决，其问题是完全取决于侵权方的诚信度，如果商家缺乏诚信，拒不承认，事情就很难解决，至少要准备充足的证据；

6. 投诉

是最常用、最基本的维权方法。当受到侵权通过协商、内部投诉无果时，消费者可以通过向消费者权益保护协会(简称“消协”)或相关行业、政府主管机构等投诉，求助他们向相关企业进行沟通和调解，并最终促成事件的解决。其优点是程序相对简单，不足的是缺乏强制性手段，如“消协”是一个民间组织，没有强制执行的权力。（在本书“维权知识”中将作专门研究。）

7. 诉讼

是协商、投诉没有结果或根据情况直接向法院提起诉讼。法院依据《中华人民共和国民法通则》、《中华人民共和国消费者权益保护法》、《中华人民共和国产品质量法》等相关法律条文进行处理。优点是所裁定的结果具有强制性特征，执行力度最高，不足的是手续繁琐，程序复杂，消耗精力大，所需时间长。

（六）维权的困惑

在中国，维权是一个沉重的话题，凸显了一个关键词——难！它包含了侵权受害者太多的艰辛和无奈。维权高成本、长时间、难取证、低回报，导致了维权的高风险，有许许多多的维权得不到解决，更不用说回报，“时间拖不起、投入付不起、精神伤不起、精力折腾不起”，“维权等于自伤、谁维权谁自伤、越维权越自伤”成为维权难的真实写照。

为什么会出现这样的情况？为了获取最大利益，侵权企业对待消费者在侵权方面以行业规则、内部规定等等借口和手段来“合理、合情、合法”侵权、方便侵权，而在可能出现的投诉问题方面也是做了充分的考虑和准备，他们的基本的思路是，压缩投诉空间，增加投诉解决程序，内部相关监管机构对外保密、提高投诉成本，增加投诉难度，规避投诉责任，降低投诉造成的风险等。我们主要从以下四个方面分析：

1. 取证困难

证据提供是鉴定侵权的基本依据。是否侵权往往要看证据，证据不足或缺失，就给侵权者提供了机会，遇到有道德、讲诚信的企业尚有协商解决的可能，如果遇到缺失道德、没有诚信的企业，因为没有证据，无法判定是否侵权，维权很可能会没有结果。取证困难的主要原因是，除了消费者不注重收集、保管证据外，主要是侵权方有意不提供有关证据，以利于保护自身利益，而消费者无法得到证据。证据应该由谁提供、谁认定、如何认定？多数情况下应要求侵权者提供证据，如不提供，应当由相关机构组织简易推理、认定程序来解决，以提高维权效率和保护消费者的利益。

2. 规则障碍

规则是侵权发生和解决侵权的基础条件。其核心是规则制定是否合理与完善。公开、公平、公正、合法、合理的规则大家有义务执行，也不容易产生侵权行为；规则不合理、伪规则其目的之一就是为了侵权，消费者也不愿意执行，就容易产生纠纷、造成侵权。一旦侵权也容易给维权造成很大的困难，由于伪规则的保护，合理规则的缺失，协调机构的依据不充分，监管机构的不力等等，使得维权无法实现。现有规则的不完善、不适应、不配套等造成规则的漏洞，远不能适应社会的发展需要，因此，一些垄断行业、垄断企业利用自身的有利条件，通过制定伪规则来实施“名正言顺”、“文明”的侵权（如霸王条款等），引导并带头突破社会公共道德底线，不断创造“文明的侵权”行为与“侵权的文明”文化，为社会道德风气日下推波助澜，从中谋取暴利。

3. 机制障碍

机制体制是解决维权的基本保障。其核心是对有意、恶意侵权行为的监管、惩治是否得力。现有的维权机构、从业人员数量、素质以及赋予的权利以及现有的法律法规、监管制度等远远不能适应解决侵权行为发展的数量、趋势和速度的需要，对维权行为提供的帮助十分有限。消费者能否维权，关键是否有解决维权的有效机制体制。机制体制有效，监管打击得力，即使证据不足，但只要有侵权行为就一定会有基本的证据或侵权过程或后果，可采取“案例参照法”、“专家鉴定法”、“同类推理法”、“举证倒置法”（详见第三章维权知识部分）等等方法来认定侵权行为，并给予严厉制裁。因此，完善和加强相关机构、机制、体制建设，加大对侵权行为打击力度，大大提高侵权成本，是有效简化投诉程序、降低维权成本、解决维权难问题的核心。

4. 道德底线

道德水平低是造成有意、恶意侵权的根本原因。其核心是道德被利益所绑架，与利益形成了一体。如果是有意、恶意侵权，说明侵权方道德水平低，诚信度差，一般的协商、投诉很难解决问题；如果侵权方缺乏基本的道德底线，很可能要通过诉讼程序，但由于是有意、恶意侵权，有可能消费者拿不到充分证据，所以通过诉讼也可能无法维权。如果是由客观意外或责任过失行为造成的侵权，或侵权方具有基本的道德素质，一般通过协商即可解决问题。可见，道德水平越低、诚信度越低，越容易有意、恶意侵权，侵权的危害也越大，维权的难度也大。反之，道德水平越高、诚信度越高，越不会出现侵权行为，即使有侵权也容易通过协商来解决。

十一、小结

（一）十大概念之间的关系

简单讲，十大概念之间的关系是“一个核心，两个目的，三个关键环节，四个判断依据”。

（1）一个核心：即侵权与维权都是围绕“权益”这个共同的核心目标；

（2）两个目的：即侵权者的目的是为了侵害或占有他人的权益，维权者的目的是为了保护自己的权益不受侵害，并对侵权行为与造成的损失要求“道歉、赔偿”。同一个目标，两个完全不同的目的；

（3）三个关键环节：即在消费者消费或行使消费权利时，侵权者通过侵权行为来侵害消费者的权益，消费者为了维护自己的合法权益不受侵害，就构成了“消费、侵权、维权”三者之间密不可分或者说以权益为核心，形成了“消费—侵权—维权”三者之间循环的关系；

（4）四个判断依据：即从“道德、规则、界限、成本”四个方面，可判断是否侵权以及侵权严重程度与性质，并来评价能否维权以及维权的难度、风险与结果预测。其中：

(1) 道德是前提。如果有一定的道德水平，即使有意外、过失侵权行为，也很容易通过沟通来解决问题，不会出现有意、恶意侵权行为；反之，如果出现有意、恶意侵权行为，道德水平就要受到考量、质疑，如果是严重的有意、恶意侵权行为，首先是道德出现了严重的问题，同时，要想维权就会非常困难。

(2) 规则、界限是依据。有明确、合理的规则和界限标准，不仅很容易界定是否侵权，也很容易衡量侵权的程度，有利于维权；反之，不明确、不合理以及伪规则，不仅缺乏合理的依据，也难以衡量侵权的程度，对顺利维权就会造成很大的困难。

(3) 成本是利益。侵权低成本意味着侵权低风险、高回报，利益成为侵权行为极大的诱惑；侵权高成本意味着侵权高风险、低回报甚至无回报，侵权行为就会受到极大的遏制，甚至侵权者畏于侵权。维权低成本意味着维权低风险、方便维权，维权高成本意味着维权有风险、高风险，甚至不能维权、无法维权、消费者不敢维权。

（二）侵权与相关概念的关系

侵权与相关概念的关系（见下表）。

侵权与相关概念的关系

项目		基本关系规律	基本对应结果	基本对应效果或后果
侵权	消费	自愿性消费 正常性消费 选择性消费 顾虑性消费 被迫性消费	极少侵权 维权容易 较少侵权 维权不易 侵权较多 维权困难 侵权普遍 难以维权 侵权盛行 无法维权	消费能力充分释放 消费能力有效释放 消费能力释放受到限制 消费能力释放严重制约 消费能力释放被抑制或转移
	权益	权益有效保护 权益难以保护 权益无法保护	侵权零星发生 侵权普遍发生 侵权肆意发生	社会和谐信任度高 社会矛盾信任度下降 社会混乱信任度出现危机

(续表)

项目		基本关系规律	基本对应结果	基本对应效果或后果
侵权	规则	规则清楚、可操作	不易侵权	抑制侵权，有利于规范社会行为
		规则缺失、有漏洞	容易侵权	容忍侵权，难以规范社会行为
		规则自身有矛盾	方便侵权	难辨侵权，不利于规范社会行为
		规则自身不合理	乘机侵权	助长侵权，不利于规范社会行为
		自行制定伪规则	有意、恶意侵权	肆意侵权，导致社会行为与规则混乱
	界限	界限清楚、明确	侵权容易界定	有利于整治侵权，保护消费者权益
		界限不清楚、有矛盾	侵权难以界定	难以保护消费者权益
		无界限、有漏洞	侵权无法界定	无法保护消费者权益
	道德	道德高尚	无意侵权	社会发展健康和谐
		遵循道德	偶发侵权	价值观导向影响发展
		道德缺失	有意侵权严重	社会道德风气日下
		丧失道德	恶意侵权泛滥	缺失道德底线，社会畸形发展
	成本	侵权零成本	零风险、高回报	肆意侵权，容易引发突发事件，社会管理高成本
		侵权低成本	低风险、高回报	助长侵权，维权高投入、长时间、高风险、低回报
		侵权高成本	高风险、低回报	抑制侵权，方便维权，社会管理低成本
	道歉	拒绝道歉	无视责任	继续侵权，丧失道德
		狡辩道歉	推卸责任	隐匿或公开侵权，挑战道德
		回避道歉	规避责任	伺机侵权，规避道德
		主动道歉	承担责任	纠正侵权，正视道德
	赔偿	拒绝赔偿	侵权无风险	放纵侵权
		补偿性赔偿	侵权极低风险	助长侵权
		全部赔偿（含间接损失）	侵权低风险	遏制侵权
		惩罚性赔偿（加倍赔偿）	侵权高风险	畏于侵权
	维权	维权高投入	侵权低成本	维权高风险
		维权长时间	侵权低风险	维权高成本
		维权缺证据	难以维权	伤害了维权
		放弃维权	放弃权益	助长了侵权

（三）侵权与社会管理的关系

1. 从经济角度分析看社会管理成本

侵权低成本 = 侵权高收益 + 低风险 + 侵权多 + 规则不合理 + 惩治不力 = 社会管理高成本

侵权高成本 = 侵权低收益 + 高风险 + 侵权少 + 规则合理 + 监管得力 = 社会管理低成本

2. 从政治角度分析看社会发展水平

维权难→侵权易→侵权多→社会矛盾多→社会不和谐→社会不稳定因素多→社会管理成本高→经济社会发展不健康

维权易→侵权难→侵权少→社会矛盾少→社会和谐→社会稳定→社会管理成本低→经济社会发展健康

3. 从道德角度分析看社会文明程度：

规则不合理→侵权多→维权难→社会诚信度差→社会道德水平低→社会文明程度低→社会发展不健康

规则合理→侵权少→维权易→社会诚信度高→社会道德水平高→社会文明程度高→社会发展健康

第三章 维权知识

与加工制造业相比，服务业特别是现代服务业的侵权方式与维权难度有着显著的不同。工业产品人们可以看得见、摸得着、可选择，侵权行为容易取得证据，也有比较明确的“三包”政策和相关法规制度，相对容易维权。而现代服务业特别是银行业，如借记卡、信用卡已成为人们生活的一部分，但其服务产品设计是否合理、服务过程是否侵权？往往看不见、摸不着、说不清、不知道什么时间、什么地方、什么原因，有没有侵权，甚至有侵权行为也找不到侵权责任人、侵权证据、维权依据，消费者往往是被动、被迫、无奈的受害者。

为什么侵权容易？维权难难在哪里？原因是什么？

保护消费者的权益已远远不是消费者的个人问题，也不是单纯的经济问题，而是社会、道德、精神文明共同面临的一个大问题。本章重点对维权的主体行动——投诉及形成原因与心态进行了分析，总结、归纳了一些投诉的基本方式、方法和技巧，并从企业管理、社会管理的角度出发，对如何认识侵权、判断侵权、帮助理性维权和严厉打击有意、恶意、重点侵权行为等提出了一些具体的思路、方法和措施。

一、投诉成因与心态分析

开展道德领域突出问题专项教育和治理活动，是党中央从全局和战略的高度出发做出的重大决策部署，是围绕诚信建设，夯实社会主义核心价值体系的重大举措。

在现实生活中，现代服务企业缺乏诚信道德沦丧的事件频频爆出，如在2012年央视“3·15”晚会曝光的招商银行信用卡中心员工出卖客户资料事件等等，引发了大量投诉。

投诉，本来是一个正常的社会现象，它起因于侵权，目的是维权，从一个侧面反映了社会经济活动和社会发展的健康水平程度。但几乎所有的消费者有过服务消费上当受骗的感觉或经历甚至是多次的经历，而90%以上的人没有去投诉，在投诉的人中,又有90%以上的投诉没有结果或中途放弃，说明“侵权容易维权难”已成为一个严重的社会问题，更深层次反映出社会、企业的诚信、道德出现了严重的问题。因此，开展服务投诉成因、心态分析与解决机制研究，对加强社会公德、企业诚信文化和道德建设具有时代的特殊意义。

（一）投诉成因分析

改革开放以来，我国各项事业发展迅猛，经济活动日益增长，作为第三产业的现代服务业有了长足发展，为人们的工作与生活提供了极大的方便。但同时不少企业缺失诚信，为了牟取暴利，利用服务平台和现代科技手段的方便条件，采取误导、欺骗、侵权等等手段伤害消费者的权益。侵权的低成本、高回报，维权的取证难、成本高、时间长、回报低甚至无结果，使绝大多数人放弃了投诉，直接导致了全社会风气日下、道德沦丧等后果，也使人们对社会、对政府、对正常的商业行为充满着不信任，全社会为侵权企业的行为付出了沉重的代价。

1. 侵权与维权方的地位比较

从投诉产生的客观条件来分析，主要原因为：

消费提供者（侵权方）	消费者（维权方）
提供方	使用方
团体方	个体方

投资方	付费方
侵权方	受害方
解决方	投诉方
专业方	业余方
蛊惑方	受诱方
隐证方	举证方
控制方	被控方
受益方	受损方
主动方	被动方
强势方	弱势方

从上述分析可以看出，消费提供者始终处于强势和主动地位，是一个团体，并有现代的服务平台条件和手段，而消费者始终处于弱势和被动地位，是分散的个体，是一个消费需求者，需要社会完善的、良好的配套服务，这就从根本上确立了消费者容易受到侵权伤害，一旦受到伤害权益难以得到保障，也为消费提供者伤害消费者的权益在客观上创造了条件。如果消费提供者不注重自身约束和诚信道德建设，同时没有社会的有效监督、严厉制裁，消费者的权益从根本上难以得到保障，投诉难、维权难的现状难以改变，这也无形中助长了侵害消费者权益事件的频频发生。

2. 社会背景和原因分析

从外部原因分析，主要表现为：

(1) 发展环境不成熟

由于我国处于市场经济发展的初级阶段，整体发展的软环境和软服务比较落后，注重基础设施建设、硬件建设，忽视服务意识的提高、服务配套条件的完善，管理水平低和社会快速发展，导致了社会秩序包括经济秩序、道德秩序、规则建设与管理等等存在许多漏洞、滞后和不完善之处，因此很容易在社会不断发展过程中出现这样、那样的问题。这是我国社会处于快速发展阶段的客观现象，需要经过一定时间的努力才能从根本上彻底改变。因此，需要全社会的正确认识，理性面对，更需要全社会的共同努力维护，才能在尽可能短的时间内，使社会发展环境更加完善，社会管理水平更加成熟。

（2）法制建设不完善

近年来虽然我国制定了大量的法律法规，但远远不能适应建设法治国家的要求。随着经济的快速发展、体制改革的深入推进，相关的法律、法规、制度建设严重滞后，不利于对社会的有效监管，给部分缺乏社会道德、社会责任的企业提供了可乘之机，他们利用法律、政策和制度的漏洞，为了获取高额利润甚至是暴利，凭借有利条件制定有利于自己的规则，同时规避应该承担的责任，尤其是垄断行业形成了行业潜规则或“霸王条款”，巧立名目，“合情、合理、合法”甚至公开地实施“文明的侵权”，把侵权行为带入了现代文明时代，使“文明的侵权”行为进入了一个“侵权的文明”文化发展的新阶段。

（3）社会监督不到位

由于法律、法规、制度建设滞后或不完善，使得本来就软弱的监督跟不上社会发展的需要，使社会监督更加不力，侵权行为得不到有效惩治、遏制和严厉打击，作为弱者的消费者权益得不到应有的保障。同时，也反映出现有的社会各个监管机构的被动地位，以及在打击侵权行为中缺乏创新，缺少有效的工作方法和思路，工作模式已不能适应社会快速发展的需要，需要从监督体制、机制、制度、思路等方面重新定位，应该建立反应更快、程序更简、机构更有效，能组织和动员全社会参与其中的一种投诉维权机制体制。

（4）侵权惩治不严厉

滞后的法制建设与软弱的社会监督，导致的直接后果是侵权行为得不到严厉制裁，无形中助长了侵权者的行为。侵权者的侵权行为没有风险或低风险，受到利益的诱惑就会产生更多的侵权，从而形成侵权的恶性循环，越侵权越暴利，越暴利越侵权。在社会快速发展、侵权多发、高发的情况下，只有从快、从重、从严惩治，使侵权者不敢、不愿去冒险侵权，才有可能实现扭转侵权多发、高发的现状。

（5）道德建设不重视

有意侵权尤其是恶意侵权行为本身是一种违反基本道德的行为，对有意、恶意侵权行为的打击不力，受利益的诱惑和驱动，不少侵权者越来越注重追求财富的膨胀，不但忽视了诚信文化和道德建设，而且腐蚀了灵魂，侵权行为进一步发展为受利益和道德的双重驱动，变本加厉，手段五花八门，成为社会发展的一大"恶性毒瘤"。因此，侵权的严重泛滥，说明社会道德建设尤其是企业的公共道德、职业道德建设远远跟不上社会的发展要求和变化，需要进一步加强。

3. 侵权机构原因分析

追求利益最大化是企业的本质属性，无可厚非。但一个企业一旦不重视诚信文化和员工的职业道德建设，不主动承担社会责任，必将对解决服务投诉从机构设置、制度建设、内部管理、对投诉人的权益保护以及在解决投诉的全过程中，尽量避免对自己的责任追究，也必然会造成对消费者的侵权，从而获取不正当的利益甚至是暴利。因此，没有严格、合理的内部机构、制度、机制、管理和先进的企业文化理念引导和内部监督，是产生投诉和投诉难的主要内因。主要表现为：

（1）机制体制方面

企业一切以效益为中心，通过强化"绩效考核、利益挂钩"对岗位绩效实行量化考核，以获得最大的企业利益；同时，充分调动员工一切以利益为中心的积极性，以实现个人利益的最大化，这是现代服务企业管理的基本思路。如果企业内部不重视企业文化建设、不重视职业道德教育、不重视加强监督机制建设和加强监管力度，在客观上实际怂恿了一部分员工主观上把消费者作为"摇钱树"，想方设法让消费者掏腰包，在这种思想的纵容下，必然会出现一些恶劣的侵权行为。如 2012 年央视"3·15"晚会曝光的招商银行信用卡中心职工出卖客户资料事件就是一个典型的案例，一个本应该讲信用的地方却在出卖信用。

（2）机构设置方面

为了追求利益最大化，一些现代服务企业将服务和投诉的机构设置、对外窗口和工作人员压缩到最小限度，而且往往有意或无意缺失独立、有力、高效的监督机构和人员。同时，出于某种目的，内部监督机构有限或不对外公开，并对投诉受理严格限制了内部人员的权限，使消费者难以投诉，受理机构难以有效履行解决投诉的权力，内部监督机构和人员在一定意义上反而成了被监督机构和人员的保护伞，甚至伙同起来共同对付消费者的正当投诉和合理要求。

（3）文化道德方面

每个企业都有不同的企业文化，“诚信为本”应该是企业文化的根基与核心价值观，也是百年企业的道德根基。企业文化应该随着社会的进步而进步，需要有创新，但创新企业文化如果离开了道德基础，只能是文化的“文明”创新。一些现代服务企业打着诚信服务、为客户着想的幌子，大力创新自己的文化理念，却失去了“诚信为本”核心价值观，这就导致一方面在大力宣传自己的文化理念、文化创新，另一方面却做着与文化理念相悖的侵权行为，对待消费者投诉不能诚恳面对事实，积极解决问题，而是采取推、拖、误导、狡辩、欺骗、包庇、纵容的态度，缺乏基本的职业道德。

（4）服务设计方面

现行体制下，现代服务企业的服务设计包含了服务产品设计和服务规则设计两个方面。

在服务产品设计中，增值服务、服务新产品、新品种和服务升级概念不断出现，消费者不断被引导消费或被迫消费（如连环套式的服务陷阱消费产品），自然有不少新产品、新品种、服务升级实质是为收费或“变相”收费的，甚至有些变相收费消费者并不知情。

在服务规则的制定中，包括服务合同的制式、条款、解释等多是由服务企业来“包办”的，在利益最大化的思想主导下，通过“模块化、流程化、套餐化”的服务设计与规则制定，来强化保障企业的利益，规避企业的责任，反映出本质是缺乏真诚的服务理念。如企业的误导、隐匿或霸王条款，即使公开侵权，消费者也无可奈何，一是由于服务性产品的特殊性，服务方提供了大量的、有一定专业术语的文字条款（如信用卡、保险）等等，消费者无法仔细研究这些经过服务提供方反复推敲的文字中所表达的真实含义和隐藏的陷阱，加上误导性宣传，使消费者无法准确理解其真实含义，消费者认为应该赔偿的到赔偿时往往是“免责”；二是即使消费者研究了这些条款，提出不同要求，他们仍然以“标准、制式”条款、格式为由即“霸王合同”、“霸王条款”要迫使消费者认同。

（5）服务协调方面

服务协调对内应该是加强内部之间的有效协调、统一、资源共享，对外应该是对消费者的需求、意见、投诉等等通过协调内部资源，做好相应的服务和落实工作。但事实上，侵权企业在服务内容、服务权限、投诉管理等服务协调机制方面缺乏有效的衔接。服务内容、权限、利益相互分割，对投诉没有一个有效的协调机构和协调机制，一旦出现投诉，很容易造成相互扯皮、推诿，一旦与自己的利益、责任相冲突时，往往表现出缺乏良好的诚信道德和服务意识。现代企业特别是规模较大的企业很清楚这一情况，但事实上有些企业有意无意缺失这样的机构和机制，其目的就是让消费者难以投诉，申诉无门，折腾不起，无奈放弃。这样的结果，既不利于企业文化的传承，也不利于增强团队意识和协作精神，而使员工对自己职责之外的工作“事不关己高高挂起”，反而可能使初期很容易化解和解决的投诉问题，因为内部“利益格局”造成推、拖等使问题更加复杂化。

4. 消费者原因分析

消费者的弱势、被动地位与善良本性，是造成侵权者千方百计一再利用的不良动机的主要原因。主要表现为：

(1) 地位被动，防不胜防

消费者多处于的分散、弱势、被动地位以及随着现代社会的发展不得不进行的消费需求，为侵权者提供了在许许多多的消费服务中实施侵权行为的种种机遇，客观上很容易受到侵权者无处不在的侵权伤害，不得不防，防不胜防。

(2) 轻信宣传，盲目接受

消费者在服务提供方的大肆宣传诱惑与鼓动下，在没有充分了解服务产品的情况下，盲目接受了服务产品，甚至有些消费者因为误导宣传或误解，这样的产品自己可能根本不需要或不适合自己。因此，加之推销人员有意误导、空口承诺、隐匿某些条款，一旦消费往往有上当受骗的感觉。

(3) 势单力薄，被迫默认

个体、分散的消费者在某些消费中，明知有欺诈行为，但无反抗之力，只能忍辱接受。如银行业的服务已成为现代生活的必需，但其行业的潜规则、霸王条款等等问题层出不穷，它在每一个人的每一笔收入中数额可能不大，消费者可能根本不知情，要么即使知道也缺少证据或无法解决，而大范围、重复多次的侵权就可以为银行获得暴利。再如单位统一办理的工资卡，个人没有选择权力，往往是无奈和被动的使用者。

(4) 信息缺乏，轻信上当

信息的不对称和多数人缺乏相应的专业知识，加之侵权者的有意、恶意误导性宣传、诱惑，或不给消费者提供相关依据、不履行宣传时的承诺，很容易使消费者上当，一旦上当因缺乏相关证据与依据很难维护自己的合法权益。

(5) 善良诚实，一再上当

人的本性是善良诚实的，特别是普通的国人，而一些有意、恶意侵权者一再利用人们的善良诚实的本性，严重违背职业道德和社会公德，刻意设计和使用各种欺诈手段使善良诚实的消费者一再上当。

(6) 无奈放弃，容忍助长

客观上消费者取证难、投诉难、维权难以及投诉成本高、时间长，甚至没有结果，加之主观上不方便、没时间、缺证据以及各种因素造成的消费者维权成本高、维权意识淡薄，许多人难以投诉、无法投诉、不得不放弃投诉，这样反而无形中助长了侵权者的侵权行为，膨胀了侵权者的私欲，受害者客观上也容忍助长了侵权者的侵权行为。

5. 侵权易投诉难的现实分析

在现实社会中，服务侵权无处不在，投诉维权也无处不在。可悲的是，90%以上的侵权无人去投诉，而投诉维权90%以上没有结果。消费者的权益受到侵害，取证难、投诉难、维权难已发展成为一种社会常态、见怪不怪的普遍现象，这种“投诉难、维权难”的基本现状主要表现在：

（1）侵权方

①推卸：常用手段之一。主观上不想承担责任，不想解决问题，找各种理由来推卸责任；客观上，侵权企业内部人员之间、上下级之间、部门之间甚至产品提供方与服务提供方之间为了避免内部、外部的责任追究，相互推诿、扯皮，导致投诉问题像踢皮球一样被踢来踢去。

②拖延：常用手段之二。推卸责任的方法无效时通常采取拖的办法，找各种办法、各种理由千方百计来拖延时间，其目的是拖垮消费者的耐心，使部分消费者因拖不起时间等等而不得不自行放弃投诉。

③误导：常用手段之三。为了个人、小团体、企业利益，在设计服务产品、推销服务时采取误导消费者等手段，夸张服务功能、隐蔽存在问题、回避自己的责任，为收取额外或高额费用创造条件。当提供的产品、服务出现问题时，消费者因缺乏证据又难以维权或根本无法维权。

④狡辩：常用手段之四。主要表现在遇到投诉时，一是把自己也表现得很无辜、很冤屈，以取得消费者的同情而放弃投诉；二是一旦推脱办法无效时，则歪曲事实、胡说八道，缺乏基本的道德行为让消费者很无奈；三是强词夺理，拒不认错的态度，让消费者实在难以理解。

⑤欺诈：常用手段之五。在提供产品、服务或当消费者投诉时，一方

面信誓旦旦承诺或千方百计辩解，一方面对消费者利用有利条件进行欺骗。这是消费者最深恶痛绝的缺乏道德的行为，也是企业、个人缺乏公共道德、职业道德、个人品德的恶劣行为。

⑥无赖：常用手段之六。即无赖型侵权，其中可分为两类，一类是知道自己的行为不道德，没有理由，因此在面对消费者的正当投诉、合理要求时不予理睬、配合、答复;消费者即使有充分侵权证据，他们也一拖再拖、一级推一级，最终无人回应，难以维权，与当初的宣传、承诺相距甚远；另一类是在服务过程甚至在投诉期间，利用服务平台或有利条件，继续隐瞒事实，剥夺消费者的知情权等，甚至继续公开误导、欺骗、肆意侵害消费者的权益。这种侵权行为属于典型的无赖性侵权行为。

(2) 投诉方

①取证难。一是由于消费者的轻信和现实社会在消费管理中的混乱，消费者往往忽略了初期取证或根本拿不到相关证据；二是由于误导性宣传导致在服务过程中难以取证，上当受骗或受到侵权后，更难以取证，只能自认倒霉；三是侵权方利用伪规则如霸王条款、“模块化”服务等有利条件，消费者根本没有自主权利，即使有证据也是对侵权者的有利证据，只能任人宰割。

②投诉难。一是证据不全或没有证据导致难以投诉；二是即使有了证据，向谁投诉？被投诉方不配合，社会受理投诉的机构少、人员少、权力小，行业监管软弱或袒护，也难以得到有效解决；三是投诉成本高、时间长、回报低甚至投诉得不到解决，即使得到的赔偿也不足以弥补投诉费用。

③维权难。侵权的“合理、合规、合法化”为丑陋的侵权行为披上了“文明”的外衣，更造成了消费者理智维权的困难和社会监管机构对侵权者的侵权行为打击不力，使侵权者侵权行为肆无忌惮，对消费者的维权行为更是不配合，加之取证难、投诉难，要想维权更是难上难，已发展成为一种社会常态、见怪不怪的普遍现象。

(二)心态分析

1. 消费者投诉心态

对侵权投诉的心态，因产品价值高低差别、服务水准要求或承诺以及不同消费者不同的消费出发点和个体情况，同时受主观、客观等方面的原因或限制，消费者的心态有很大的差别，大致可划分为以下几种：

（1）理解宽容心态

对待一般的低值产品与普通服务，如果不是商家有意造成的问题，只要商家态度诚恳，给予口头道歉，消费者往往会以宽容的心态接受道歉，不予投诉和追究责任；对出现不是商家主观原因造成的较大的问题，消费者也会予以理解或根据情况确定是否投诉、向谁投诉、投诉谁，并以宽容心态以求解决。这是绝大多数国人待人处世的基本原则和态度。

（2）无奈放弃心态

第一种情况主要是消费者没有时间或怕麻烦，对所遇到的问题无奈做出的选择；第二种情况是考虑到时间、精力、经济等投诉成本高而投诉可能无结果或高投入低回报等原因做出的无奈选择；第三种情况是因先期未索取或保存证据，后期证据难以覆盖前期证据，再考虑到投诉成本，最终做出放弃投诉决定。这种心态基本上是处于中国维权现状做出的无奈选择。

（3）复杂矛盾心态

由于证据、时间、精力、经济、地域、方便与否等各方面的原因，消费者对投诉处于一种矛盾的心态：不投诉，心里不甘心；投诉，结果难料，这种矛盾心态往往导致放弃投诉或投诉中途放弃投诉。这种心态往往被侵权者一再利用，对投诉方采取推、拖、误导等等手段，使投诉方主动放弃或被迫中途放弃投诉。

（4）责任过程心态

对侵权者的侵权行为怀着一种对自己、对社会负责任的态度，一定要给予投诉，注重的是投诉过程，而并不在乎其结果如何，要让侵权者感觉到侵权的难度，受到谴责或责任追究的压力，付出一定的代价，同时也为力争维护自己的合法权益而努力。

(5) 坚持维权心态

对侵权者的行为不但要投诉，特别是遇到侵权者不仅不给予道歉，反而以推脱、误导、狡辩、欺骗等方式继续对待和侵害消费者的权益时，往往消费者不能容忍，坚持投诉不放弃，一定要维护自己的合法权益。

(6) 愤怒难忍心态

消费者有充分的证据，所投诉的问题长时间推、拖得不到有效解决；侵权者恶劣的态度和缺失道德的行为让消费者无法忍受；侵权行为无人过问、无人解决以及漠视消费者的权益等等，都有可能造成消费者丧失耐心，丧失理智，从而采取非理性行为发泄怨气，甚至寻求暴力解决侵权问题的途径，引发暴力型维权行为。

2. 侵权者心态

这里所说的心态包括侵权心态与对待消费者投诉的心态，我们从两方面来分析。

(1) 侵权心态

最基本的特征是“利益 + 强盗逻辑 + 游戏”心态，可简单概括为：

①“文字游戏”型——也可称为对文字理解的“语言游戏”型心态。对有意、恶意侵权者来说，他的侵权是有目的、有准备的，如在宣传中夸张、误导消费者；而在各种协议、合同中设陷阱规避责任；一旦出现问题却推卸、狡辩，不承认事实，不承担任何责任与义务。

②“规则游戏”型——如利用自己制定的不合理规则如“霸王条款”公开侵权、或潜规则隐蔽侵权等；利用社会相关规则的漏洞和矛盾，玩“规则游戏”以谋求“合理、合规、合法”侵权。消费者受到侵权后找不到有利规则来维护自己的权益，从而达到“公开的、文明的侵权”目的。

③“道德游戏”型——利用人们善良、诚实的心态，在宣传、服务、协议等方面进行误导宣传，欺骗式解释等，丧失了基本职业道德。久而久之，习惯了这种常态的、理所当然的侵权状态，甚至并不认为或意识到这是在玩“道德游戏”，反而在欣赏自己的文化水平、表达能力、高超手段的同时享受着获取的利益。其实，这只是一种小聪明式的表演，是在走“道德钢丝”。

（2）对待投诉心态

对消费者投诉问题的解决往往与被投诉企业内部的管理机制体制、企业文化氛围、企业发展成熟度以及员工的基本素质有着密切的关系，但相当一部分企业及内部有关部门和当事人会采取消极的态度和方式来对待和解决投诉问题，其中属于有委托服务关系的代理商、服务中心等，他们相互之间是通过一定的经济利益和考核方式来实现相互控制，更不利于投诉问题的解决。因此，对投诉的基本心态大致可划分为以下几种：

①推卸责任心态。从总体上看，绝大多数侵权者或投诉受理方对消费者的投诉持排斥心态，不是积极解决投诉问题，而是找各种借口、理由，甚至玩文字游戏，想尽办法对外（消费者）推卸责任，大事化小，小事化了，蒙混过去，对内（部）也相互推诿扯皮，把自己的责任尽可能推得一干二净，有意、恶意侵权者更是如此。

②拖延应付心态。为了减少投诉和赔偿消费者损失，维护侵权者的自身形象，避免与消费者引起争执，侵权者或投诉受理方往往利用多数消费者没时间或不愿浪费时间、证据不足等原因和心理，寻找各种借口、理由一再拖延时间，甚至通过欺骗性手段来拖延时间以应付消费者的投诉，让消费者自己放弃投诉。

③本位主义心态。只关心和负责自己工作职责内的事，对不属于自己的工作既不关心，也不主动配合，特别是对投诉问题或可能造成的投诉问题，事不关己高高挂起，尽量避免与自己的工作相联系，“严格”按“模块化”服务规定、流程提供服务，缺乏协作、配合精神，也为消费者的服

务和投诉造成一定困难。

④狡辩欺骗心态。这是一种极端恶劣的缺乏道德的心态与行为。“顾客是上帝”只是口号，为了个人、小团体或企业的利益，不惜采用欺骗、狡辩等手段对待。对待消费者的投诉，甚至有少数企业、部门、个人，干脆就是一种无赖心态，面对证据，在推脱、误导、狡辩、欺骗无效的情况下，不予面对、回应消费者的投诉，为了利益可以出卖道德。

二、投诉与投诉技巧

（一）为什么主张投诉

投诉是一个正常的社会现象，每一个人都有可能是受害者，这一问题的解决需要每一个人的积极参与。“投诉难、维权难”问题已不是一个个体和部分群体的问题，而是一个社会问题，更深层次反映出社会、企业的诚信、道德出现了严重的问题。

如果人人放弃投诉，等于对侵权行为的放任自流，也无形中助长了侵权行为的滋生和发展，最终受害的还将是我们每一个人。况且，投诉的作用不仅于此，它至少可以体现以下几个方面：

1. 投诉是彰显个人权利和履行社会责任的重要方式

投诉既是主张自己的权利，维护自己的权益，也是履行社会责任和义务，尤其是对没有社会责任担当，一切为了利益的企业任何侵权行为更不能放弃投诉的权利。目前，侵权的低成本、高收益、低风险，维权的高成本、高风险、低回报，已成为维权的障碍，侵权者谋取暴利的直接结果，是导致社会风气日下。所以，投诉维权并不是一件容易的事，也不是人们主观意愿愿意去做的事。但面对侵权，面对道德沦丧，我们每一个人都有责任、有义务为社会维护正义，为自己主张权力而投诉。

2. 投诉是帮助企业完善和提升自我的重要手段

对企业服务过程中出现的问题给予投诉，在一定意义上是帮助企业堵塞管理漏洞，完善管理制度，规范服务行为，促使企业通过合法方式、劳动服务获取正当利益。如果企业通过提供假冒伪劣产品和服务来谋取利益，是一种严重的对社会不负责任、缺乏社会责任担当的表现。

3. 投诉是净化社会风气和规范社会道德的重要形式

通过投诉来惩罚、谴责违背社会道德的侵权行为，帮助净化社会风气。人人投诉，就像“过街老鼠人人喊打”，使道德沦丧的事件人人鄙视，人人谴责，为社会文明所不容，有意、恶意侵权行为才能有效控制，才能有效提升社会、企业、个人的道德水平，推动社会文明、健康发展，让社会更加和谐。

4. 投诉是推动法治社会建设的重要力量

通过投诉来推动政府建立更有效的法律法规和相关机构，更好地为社会文明提供保障。建立文明和谐的社会只靠热情是不够的，还要有法律法规的支持，来严厉制裁和谴责社会的丑恶行为，让他们付出沉重的代价，这样，侵权者才可能慑于法律的威严，不敢做出违法的行为，社会才能更加和谐。

5. 投诉是推动诚信社会建设的基本体现

建立诚信社会需要多方面的努力，其中，鼓励投诉是推动诚信社会的一种重要的手段。我们要利用这一手段，为企业健康发展、社会文明和个人诚信贡献自己的力量。我们相信，人人诚信，社会诚信，社会诚信，人人受益。

可见，投诉不仅仅是一个个人问题，而且是每一个人的一种社会责任和义务。人人关心、关注、参与投诉，这个社会一定会更美好。

企业的社会责任是什么？创造财富或提供有价值的服务是一个企业基本的社会责任，而财富与有价值的服务是建立在基本的诚实守信的道德基础之上，即道德担当是首位。没有道德的担当，而是通过不正当手段获取利益，让社会承担由此造成的后果，这只能是对社会和谐、公共道德产生恶劣影响的行为，是透支社会公共利益的行为，而非企业对社会的贡献。

企业要树立诚信为本的文化理念，不能拿道德来换取利益。在现实生活中，绝大多数投诉产生于个人与企业之间，而企业是主动者和强者，是投诉产生的主要原因，也是主要责任者。这就要求企业应当承担更多的社会责任。而这一问题的出现，能力是一个方面，可能更多的是企业文化与企业的管理理念问题，在管理中许多问题的深层次原因是企业文化问题。企业文化不但对本企业的发展、社会责任担当有着重要作用，而且对建立职工个人道德、公共道德和价值观有重要的影响和推动作用，如果每一个企业有良好的企业文化、企业道德，就会推动社会道德向好的方向发展，反之，会推动社会道德向不好的方向发展。因此，每一个企业、企业家都要有社会责任和道德是非常重要的。

要注重企业的文化建设。在企业中，个人和集体是相互制约、相互推进的。企业为了利益的最大化，需要个人去努力实现，不当的企业文化会推动社会道德、个人道德向不利的方向发展。企业的核心问题解决了，就可以大大减少因主观、有意甚至恶意侵权所造成的投诉，投诉的数量减少，投诉解决的难度减小，就可大大改善、提高社会文明程度。

由此可见，我们要创造社会健康发展的环境，就要创造投诉维权的良好环境氛围，使全社会支持投诉、鼓励投诉、人人投诉，人人为净化社会环境而努力。同时，要以严格的措施、严厉的手段来打击侵权行为，让侵权者在经济上受到损失，道德上受到谴责，不愿用侵权手段来获取不当利益。这也要求我们的政府，要大力加强法律、制度建设，加强相关机构和队伍建设，更有效地服务于维护消费者的合法权益。

（二）投诉目的、方式与方法

1. 投诉目的

每一个人在一生中都可能有不少投诉，一般情况下人们所说的投诉是指比较认真、严肃的或正规的投诉。在投诉前，首先要考虑为什么要投诉？也就是要明确投诉目的或要求是什么？因为不同的投诉目的或要求有不同的投诉方式或可采用不同的投诉方法，这样的投诉可能更有针对性，能更好地解决投诉问题。而投诉的目的或要求往往与侵权行为性质、侵权严重程度和对投诉者的态度有直接的关系。可分为“三种目的、两个要求”：

（1）三种目的

①单纯目的。即目的、要求很单纯、简单的投诉。一般情况下，对无意的、轻微的、侵权方能认真对待或主动道歉的，消费者往往能宽容对待，如有些消费者的投诉就是为了告诉对方你的产品、服务有问题，但并不要求对方退还产品或重新提供相应服务，也不要求道歉和补偿损失，有些投诉的目的就是为了让对方认可投诉问题，给予口头道歉。

②基本目的。即要求基本的道歉与赔偿为目的的投诉，也可称为基本投诉。包括对有意、恶意侵权行为，侵权者不认可、不道歉或损失较大，或个别情况下侵权者甚至不但不认错，反而继续有侵权行为的，消费者的投诉就是为了让对方道歉并赔偿所造成的损失，有些投诉就是为了主张自己的权利，惩治侵权方的侵权行为，让侵权方从中受到教育，规范经营等等。

③多重目的。即投诉的目的随着侵权事件事态的发展而发生变化与调整，也可称为动态目的。如随着投诉事件的发展，最初的简单投诉目的由于侵权方不但不认错，反而有意误导、狡辩甚至欺骗和继续有侵权行为的，使投诉由简单投诉演变为基本投诉或更进一步的复杂投诉，甚至发展到通过法律诉讼来解决问题的程度。因此，投诉方除了要求正常的道歉、赔偿外，还要求加倍、数倍赔偿造成的损失，同时对道歉方式、范围也有不同的要求，让侵权者付出一定的代价，受到一定的惩罚。

（2）两个要求

①要求道歉。单纯目的的投诉一般只要求口头道歉；基本目的的投诉口头道歉是最基本的前提，往往根据不同情况、态度、损失大小等，对道

歉有不同的要求，如方式上要求书面道歉、公开道歉，道歉范围、时间、地点等也有不同。一般来说，不属于有意、恶意侵权，态度良好、损失不大，道歉方式不是主要的，往往不予追究；对有意、恶意侵权行为，侵权方回避责任、不予道歉甚至推脱、狡辩特别是有欺骗行为的，消费者往往不能原谅，不但要求书面道歉，严重者要求侵权者给予一定范围、方式的公开道歉包括上门道歉等。

②要求赔偿。一般原则是，单纯投诉目的阶段不要求赔偿；基本投诉阶段或投诉升级到要求书面道歉、公开道歉阶段，在要求道歉的前提下，往往同时要求给予赔偿；对情节恶劣、损失严重的复杂投诉甚至要求加倍、多倍赔偿，以示惩罚。如侵权者对侵权行为拒不认账，或因各方面的原因造成的损失比较大，对恶意的、严重违背道德行为甚至突破道德底线的侵权行为，往往要求加倍、数倍的惩罚性赔偿。

2. 投诉方式

（1）向内部投诉

①现场投诉。也称为直接投诉，即向侵权者或侵权单位内部现场的、直接的投诉方式。一般初期的投诉往往采用这种方式，比较及时、方便，有利于通过简单协调来解决投诉反映的问题。更适合现场发现产品或服务质量有问题的侵权投诉，如果现场未发现问题，过后多数投诉因为证据不足、推卸责任、权限不够等等而难以解决。

②向上级投诉。也称为间接投诉，即向侵权单位上级或上级解决投诉的机构投诉。往往因为现场投诉或初期投诉没有得到很好解决或没有解决，导致了转而向其上级单位或上级解决投诉机构进行投诉，寻求投诉问题的解决。

（2）向外部投诉

①行业协会。行业协会是行业自律、协调性质的协会，其强势与否，有没有利益关联，以及家丑不可外扬的观念都会直接影响到其在受理投诉本行业企业作用的发挥程度。一般来说，比较大的行业或管理比较规范的

行业，行业协会有专门的投诉解决机构，专业性也比较强，能发挥一定的作用，但受各方面条件和观念、权限限制，整体作用发挥不到位、不理想。

②消费者协会。消费者协会是专门负责保护消费者权益的机构，对解决投诉有一定的协调作用和权威性。但由于许多投诉一方面缺乏充分证据，另一方面许多侵权行为受到不合理规则的保护，消费者协会缺乏规则依据，又没有强制裁决权力，因此，投诉的结果往往是，一是想尽力尽责，但结果难料；二是见怪不怪，因缺乏证据或法律依据等爱莫能助；三是面对现实，偏向强者，说服弱者，调和解决的现实主义。

③法律诉讼。通过其他方式难以解决的，只有通过法律诉讼手段来解决（包括社会公益诉讼），这是投诉问题的发展延伸。进入法律程序，主要依据《中华人民共和国消费者权益保护法》等相关法律，受法律与证据支持、程序复杂、时间漫长等因素影响，未达到刑事责任的侵权，一般消费者并不愿意采用这种维权方式，因此，其作用与影响面很有限。

④其他。利用公共媒体如互联网扩大影响、进行维权，已成为解决投诉问题的重要方式。对有一定新闻价值、或造成一定影响的典型侵权案例或事件，都可以通过不同媒体的关注、报道，来推动投诉的有效解决。不但极大地提升了对一些典型事件社会的舆论监督力度，也通过媒体的曝光、呼吁，加快了政府、法律等部门对这些事件的介入和公开解决的步伐。同时，政府、媒体、公众也利用电视、报纸、网络、广播、刊物等平台正面引导社会道德建设，谴责违反法规和公共道德的行为等。但这种方式对个案可能有明显的效果，甚至通过个案的解决可以推动相关法律、制度的建立，但总体上难以持久和解决普遍性侵权问题。

3. 投诉方法

(1) 口头投诉：一般适合于现场投诉，有相应的服务或物品、宣传文字或票据为证，投诉时最好要求作现场投诉记录，详细记录和描述投诉时间、地点、内容和要求，同时消费者要设法收集投诉记录和其他证据如录音、摄像等以备不时之需。

（2）电话投诉：一般为非现场投诉。对一些产品或服务来讲不是第一时间，不是现场，投诉时证据也无法鉴定，因此，投诉时最好选择可录音的电话进行投诉，这样可以将投诉的情况作全程录音以备解决投诉问题时也作为证据之一。

（3）网络投诉：比较现代的投诉方式，包括电子邮件、QQ、微信等。有条件的可以采用这种方式，既有文字依据，也可发送电子照片或录像，又快捷又方便，但往往受客观条件的限制，更多用于向侵权者的上级管理部门投诉时使用。

（4）书面投诉：一般指书面形式的信件（信函）邮寄投诉。比较传统、规范，有文字依据，也便于被投诉单位内部正常传递处理，并容易引起相关领导、机构或人员的重视，是一种重要的、不可替代的基本投诉方式。

（5）上门投诉：一般指上门进行的口头或书面投诉。口头投诉需要作投诉记录，书面投诉需要送达投诉函并作投诉登记。投诉时最好有其他方式记载或证明，如录音、录像、记录等，特别是对口头投诉。

不论选择哪种投诉方式，如果考虑到后期投诉的需要，一定要注意搜集证据、保护证据。现实情况下，往往侵权方不会提供有关证据，不作相关记录，投诉方一定要采取必要的方式，让对方提供有关电话、地址、受理人员姓名、工号等等，以作为补充证据。

（三）投诉的基本要求与准备

1. 基本要求

（1）方式选择：一是依据投诉目的来选择投诉方式，即根据所投诉的问题大小、时间因素、方便程度以及投诉人对投诉问题所要解决的目的而选择投诉方式。如只是想通过投诉方式来反映一下问题并引起对方重视，可采用口头投诉或电话投诉这种比较简单的方式；如为了搜集证据或促进投诉的有效解决可采取多种投诉方式的组合来投诉。二是依据投诉条件来选择投诉方式，即根据投诉人时间方便程度、证据情况、侵权行为的危害大小、侵权方对待投诉的态度等等来选择不同的投诉方式。

(2) 讲求实效：多数人因为时间、证据、方法、地域等原因放弃了投诉或致使投诉半途而废。因此，不仅要投诉，投诉也要注意方法、注重效率、讲求实效，一般情况下不是为了投诉而投诉，应当有明确的投诉目的，也要选择合理的投诉方式方法。

(3) 知己知彼：要达到理想的投诉结果，就要掌握侵权方的基本情况、基本心理、基本底线，运用一定的投诉技巧。相对来说，比较规范的企业在投诉中是逐级或设有专门的投诉解决机构，多数问题在一定范围内是可以控制的，也是可以解决的。他们不一定从消费者的角度来考虑问题，他们也并不是害怕消费者的投诉，而是害怕内部的业绩或责任目标考核，这与企业的服务理念是完全错位的，但这也是中国企业的现实状况。

(4) 掌握主动：在投诉中，消费者在主体上是弱势、是被动者、是个体，如何在弱势与被动的情况下努力争取主动，有许多方面值得我们去思考、总结。主要有，在缺乏证据的情况下，首先想办法掌握更多的证据，这样才可能在投诉中有理有据，这是前提；其次，在证据充分的前提下，一定要运用技巧，因为侵权者往往不只遇到的一个维权者，他们有充分的时间，有丰富的应对消费者投诉的经验，他们甚至了解消费者的基本心态和要求，只是不想给予顺利解决或能通过推脱等方式不解决；第三，在投诉中遇到困难或障碍时，一定要注重控制节奏，不要过于激动造成被动，不要急于求成，“欲速则不达”，有些情况下这正是侵权者惯用的“激将法”。通过控制节奏来反思自己，来寻找更好的解决办法，来始终掌握维权的主动权。

(5) 注重技巧：在“投诉的技巧”中将作专门论述。

2. 心态调适

(1) 理性看待：我国正处于社会的快速发展阶段，改革、创新层出不穷，法律、制度建设远不能适应发展的要求，各种侵权行为在目前情况下是一种非常普遍的现象，对它的遏制、打击缺乏法律、制度、机制、体制等方面的有力支持，需要有一个过程，包括规则、道德建设，机制、体制的完善。因此，消费不要因为受到委屈、遇到侵权就暴跳如雷，盲目冲动，采取过激行为，而应理性看待这一问题，同时采取积极、有效的方式、方法来自我维权。

（2）认真对待：一旦遇到需要投诉的问题或感觉到这一件事有可能发展为投诉事件，就一定要从思想上认真对待，行为中认真准备。在理性看待的基础上，认真分析其侵权行为的原因、动机、手段，分析其性质，属于无意侵权性质的，在一定情况下可予以谅解其客观原因或主观无意的实际情况；对属于有意侵权要看其属于个人还是集体行为，而采取相应的措施；如果属于恶意、道德性质的侵权行为，一定要有难维权的思想准备和多种维权方式、长时间维权的准备，也要树立信心，相信正义，坚持维权。

（3）调整心态：绝大多数人对投诉过程非常烦恼和无奈，在投诉过程中，可能还会遇到许多意想不到的问题，对方会采取各种方式来干扰投诉的正常解决，甚至出现无法想象的不负责任、道德缺失的言行，可能引起激动、愤怒的情绪和不理智的行为，这样反而容易造成问题的激化、投诉的被动，不利于问题的解决。因此，一定要调整好心态，使投诉过程由“激动—愤怒”维权回归到“理性—轻松—欣赏”维权。

调整心态有许许多多的方法，有了正确的认识和良好的心态调整，消费者甚至可以得到意想不到的结果，一件本来十分烦恼和无奈的投诉，通过在某些方面换一个角度可能得到的是一种欣赏，尤其是被投诉者对中国文字所做出的歪曲性理解、解释，很有艺术性、戏剧性，有一些甚至非常有想象力和创造性。虽然我们知道他们是在恶意歪曲理解、强词夺理、胡说八道，你可以表示对他们的鄙视、愤怒，也可以换个角度轻松地欣赏他们的“想象力、创造性”表演，从中体会到中国文字的无穷魅力和伟大，甚至有一种豁然开朗或一丝激情和快感，侵权者为了掩饰自己的侵权行为，不顾人间廉耻，可以说一切假话、废话、缺乏道德的话，这一切都是为了一个目的——捍卫自己侵权行为的正当性和侵权得来的利益，这些人的言行不就是一个丑陋、可笑、无知的丑角所做的表演吗？这样理解就可开阔了你的思路，解放了你的思想，你会感到很幽默、很好玩味，没想到愤怒、无奈之事竟然会带来一丝调侃的乐趣，在理性中、在欣赏一出侵权闹剧中来进行维权了。

3. 证据准备

要投诉特别是当投诉涉及赔偿而缺乏证据时，并不是一件容易的事，即使有充分证据，也不一定能实现投诉维权的目的，至少需要花费大量的费用、时间和精力。

(1) 基本要点：投诉的关键是证据，其次才是时间、费用和投入的精力，而这些我们不需要讨论，我们只谈证据。

①证据准备的关键是要形成证据"铁证"或证据链，用充分的证据，环环相扣，使侵权者无法抵赖。为什么？因为有意或恶意侵权者或单位在消费者没有充分的证据时，多数会采用百般狡辩、抵赖的方式与消费者周旋，拖推、欺骗等等是惯用的方法，只有拿出充分的证据让他无法狡辩，才会面对现实。而要提供证据，关键是要搜集证据、保护证据、延伸证据，最好形成证据链。

②一定要有收集、保护证据的意识和方法。往往一开始人们没有想到一个简单的事或很正常的事会演变成一件投诉，所以开始时并不在意搜集证据。这是一个习惯问题，也是一个意识问题，在目前中国市场经济发展情况下，这一习惯非常不利于搜集证据。怎么办？如果时间过去很短，可采取措施尽早给予弥补，如查阅电话记录、寻找原始凭证或交易记录，记录尽可能详细、准确的时间、地点、人物、内容、工号等等内容，这也是最原始的基础证据，收集、记载得越详细越好。

③一定要有补充证据的意识和方法。一般情况下，在初期沟通、协调

解决问题的时候，还没有正式投诉，与侵权者对一些问题还是可以协商，此时正是证据补充的最关键之时，最好是采取录音或录像的方式（如可运用手机），个别情况下可以让侵权者提供相关文字，但一旦对方发现你的意图，就很难再有补充证据的机会了，因此在补充证据时一定要注意方式和保密。在协商阶段，最好采取全程录音（有条件可全程录像）的方式对有些问题采取重复过程式的沟通、或变换方式沟通以求取得完整的、最终的证据目的，否则，当消费者拿出相关部分证据时，他会用别的解释来狡辩。在办理相关手续时，一定要保留证据，记录办理相关手续人的工号或姓名、所讲的情况，关键时可作为证人或证据。有一个基本原则，就是在补充证据过程中，不要太急于正式或深度投诉，以利于给证据补充创造机会和提供时间，不要引起侵权者的警觉。在必要时，甚至在正式投诉过程中可以公开告知对方你是在录音，迫使对方来认真对待投诉，他的一些语言可能会前后矛盾，让他做出解释，他往往为了掩盖一个问题而用无数个谎言，难免露出破绽，成为有利的证据。

（2）证据类别：

①物品类证据：购买的产品或服务过程中存在的问题或侵权证据。

②文字类证据：如发票、收据、收条、往来电子邮件、投诉记录、通话单以及投诉人作的笔记，如时间、地点、人名、事由等内容和对方口头承诺等等。

③录音类证据：如咨询、通话录音（尽量使用可录音的手机）、或侵权方单位的监督录音等。

④影像类证据：对产品或服务投诉现场的（手机）录像，相关物品、文字证据的影像等。

⑤证人：购买产品或服务过程中的有关人员、顾客等证人、证言。

⑥其他证据：国家、行业有关保护消费者权益的相关法律法规、政策制度等等，或侵权方单位的相关规定、制度以及有关宣传性资料和承诺等等。

(3) 补充证据：收集国家、行业有关保护消费者权益的法律、法规、政策规定，咨询、收集侵权方单位的相关承诺性规定或制度。

(四) 投诉的技巧

1. 投诉经常遇到的问题

遇到有意、恶意侵权行为，投诉往往需要有一定的技巧，而投诉技巧是针对侵权者对投诉方采取的策略而确定的。侵权者对待投诉问题的常见策略有：

(1) 推脱误导术——找各种理由、借口、依据等等来拖延时间、推卸责任、误导消费者，以达到让消费者找不到证据、磨不起时间而无奈自动放弃投诉的目的。如时间上一天推一天，一级推一级，责任上说不清、查不明，有意误导、相互推诿、扯皮等。

(2) 狡辩欺骗术——面对事实或证据，采取偷换概念、歪曲事实、颠倒黑白、强词夺理、丧失道德等歪曲、狡辩、欺骗解释或行为，来逃避自己的责任，与消费者周旋。

(3) 人海轮换术——采取不断的轮换人员来与消费者开展所谓的“沟通”，名义上是重视问题，了解情况，实际是采取的“人海战术”，来消磨投诉方的意志和时间，以期达到投诉方无奈放弃之目的。

(4) 沉默无言术——自知理亏，无言以对，采取干脆不理会投诉方的方式与策略，“死猪不怕开水烫”，看消费者还能咋样？是典型的无理要无赖的缺乏道德的行为。

2. 证据补充的技巧

在投诉时，应对侵权者的基本策略首先是要掌握证据。如果证据不充分，一定要首先考虑补充证据。补充证据的总体要求是：一要抓紧时间，抓住机遇，不要拖延时间、错失良机；二要为补充证据创造条件、创造机会。只要证据充分了，投诉才有可能比较顺利。因此，可选择以下方法：

(1) 复述确认法。即将所发生的侵权事件通过复述的方式与对方交流、沟通，在此过程中想办法取得对方确认侵权的证据依据，即可以通过对事情的初期经过过程让双方回忆的方式，同时做好记录、录音、录像等补充证据工作。并尽量不要让侵权方看出投诉人的真实意图，否则会为取证造成困难。

（2）书面确认法。即通过书面文字的必要和可能的交流，从而获得一些直接或间接的证据确认，主要是对投诉过程中双方理解、认识等方面的分歧问题，通过文字投诉方式来进一步确认。一般涉及文字交流或答复时，被投诉方会很慎重，但只要有清楚的事实，他们只要不是正面来应对，一定会留下自相矛盾、前后矛盾、误导或欺骗消费者的依据或痕迹，因为事实是无法掩盖的。

（3）咨询证实法，也称询问法。对侵权方内部的一些程序、规定等管理流程、要求进行询问，找出制度、程序漏洞或侵权者在执行过程中的一些违规问题作为证据的补充，而这些漏洞或问题可能是导致服务侵权或不到位的直接原因，也是造成投诉的直接原因。最好是对专业人员、上级专门管理机构进行咨询，以书信或电话录音方式进行，如属于录音可告知他们，他们的解释或答复会很慎重。

（4）逼迫承认法。对一些有明显侵权行为的侵权者，不愿承认自己的侵权行为，也不配合的投诉人的要求时，消费者可以通过要向上级投诉来"警告"的方式逼迫其承认侵权并作为证据，配合解决投诉问题。

（5）覆盖补充法。即在侵权初期证据收集不完整时，可以通过后来的证据覆盖（涵盖）措施弥补前边的证据不足，达到补充证据的目的。如最初的证据不完整、不充分时，创造与侵权方的协商、交流机会，并采取有效手段对初期的侵权过程通过再次复述交流的方式进行录音、录像，达到覆盖、补充证据的目的。

3. 面对误导与欺骗的技巧

消费者最痛恨商家在提供服务时对消费者进行误导和欺诈性的言行，更痛恨采取缺乏道德的言行来对待消费者的投诉。这不仅仅是一个投诉问题，而完全是一个企业文化、职业道德和个人道德问题，它对社会产生的消极、负面影响极大，是建设和谐、诚信社会的最大的道德基础障碍。对待这种行为可采用以下几种方法，同时一定要保留证据或让对方出示证据：

(1) 咨询法。可多（人）次反复向侵权单位、向同类企业、向上级或监管部门等进行咨询或网络查询，验证其前提条件、准确含义、涉及范围以及其依据，此法也可称为查询法，以查明真实含义与侵权证据。

(2) 类比法。按照侵权方提供的情况，进行假设事件推理分析，或在投诉中与同类企业进行比较，从中分析这一情况的真实性，同时，可要求对方出示依据或文字证明，这一方法也可称为比较法。如果侵权方是在欺骗，他一般不会出示文字证明。

(3) 警告法。感觉到有误导或欺骗行为，可以直接警告性指出其中疑虑问题，同时讲明其中后果，要求对方出示文字依据，迫使对方慎重对待投诉问题，真实解答消费者的提问和疑虑。

(4) 揭露法。通过咨询、类比或查询等方法，了解、掌握相关的规定、程序、知识等，来揭露其欺骗行为，逼迫讲出真实情况。

(5) 升级法。通过逐步向侵权上级单位投诉或向外部投诉等方式来对投诉范围的扩大、升级，增加侵权者的压力，促进投诉问题的解决。

4. 选择投诉方式的技巧

对产品或服务不满意，在现场直接协商解决或直接投诉未果的情况下需要继续投诉时，要注意对侵权方的情况进行分析，结合自己的时间、精力、经济等实际情况，根据时间或进展情况选择简洁、恰当、有效的投诉方式。可选择方式有：

(1) 内部与外部投诉的选择。对行业、企业内部管理比较规范的侵权行为，可首先选择向内部投诉。因为向外部投诉，可能会增加许多相互沟通、协调、落实等过程，可能造成在侵权方、投诉受理机构之间的多次往返协调，带来时间、管理、协调等的不及时、复杂化。对没有上级主管或行业、企业管理不规范、不明确、不协调的可直接选择外部投诉，以避免浪费时间。

（2）渐进与越级投诉的选择。即按部就班逐步、逐级投诉，或选择直接向上级投诉。一般情况下，侵权不严重、内部管理比较规范，最好选择逐步、逐级投诉，可能在初期就能解决问题，没有必要直接向上投诉，即使向上投诉，初期往往还要返回下面落实解决，等于多了一个步骤。如果侵权行为比较严重或有充分证据表明或判断侵权方不配合投诉，则可选择直接越级向上级投诉，以引起更高层的重视，促进投诉的尽快解决。

（3）单一与组合投诉的选择。根据侵权性质、严重程度和投诉目的来选择投诉方式，如果投诉目的很简单，则可单一投诉，如果侵权性质和造成的损失比较严重，而且侵权方不配合投诉解决，则除了正常投诉方式外，可采用多种组合方式投诉或多渠道投诉，加大投诉力度，扩大投诉影响，以利于加快解决投诉问题。投诉的方式越多、范围越大，所付出的时间、代价相对也越大。

（4）投诉与诉讼的选择。一般在没有必要的情况下，尽量通过多种方式来解决投诉问题，如果投诉进行得比较艰难、或遇到的侵权方百般狡辩不予配合、或投诉方没有时间、不想花费太大精力的情况下，在有比较充分的证据前提下，可选择通过聘请律师发律师函来推动解决，如果发律师函不能解决问题，则只有通过法律诉讼程序来解决投诉问题。

（5）从时间因素选择。如果消费者有相对充裕的时间而且是非异地投诉，则可选择协商、投诉、诉讼解决的自然程序，根据进展逐步来解决投诉问题。如果没有相对充裕的时间或投诉地点也不方便，则可以采取委托投诉或围绕投诉的主要目的选择合适的投诉方式进行投诉，以利于缩短时间。

（6）从证据因素选择。对没有证据（只要有事实应该多少有些证据）或证据不足的，首先要考虑想办法补充、完善证据，可借鉴上述“证据补充的技巧”方法，逐步补充、落实证据，以利于投诉；对证据比较充足的，则可根据投诉目的、时间等因素选择投诉方式和投诉对象。

（7）从目的因素选择。即根据投诉目的选择投诉方式，包括直接或逐级投诉、单一或组合投诉、自己投诉还是委托投诉等等。有些投诉的目的就是投诉本身或投诉过程，而并不在乎其结果如何，甚至是为了得到一定的舆论影响效果，对侵权者给予一定的教育和教训。

（8）从经济因素选择。即可根据投诉维权的费用承受能力来选择投诉方式，尤其是对一些证据不足，取证比较困难，而且侵权行为造成了一定的经济损失或精神损失，对这样的侵权投诉往往需要花费一定的费用，投诉的结果也难以预料。这种情况可选择通过媒体帮助宣传，造成一定的影响来促使问题的解决，或通过社会公益求助，如可申请有关机构提供社会公益诉讼帮助，通过法律诉讼来解决。

5. 借助平台抓住要害

中国式的侵权容易导致了中国式的维权难，维权难的现实进一步助长了侵权的泛滥。侵权行为不断向公开化、文明化、集团化、利益链化方向发展，使得本来就弱势的消费者不仅更容易受到侵权，而且依靠理智的、文明的维权之路越走越难。我们不主张非理智维权，但理智、文明维权无法行得通的情况下，非理智维权在所难免。在此情况下，我们可以通过借助一些平台，推动维权的实现。比如，借助媒体宣传，特别是借助网络媒体（方便、快捷、成本低）来扩大影响推动维权；借助受害者群体的力量来补充证据，推动维权；借助有关维权机构的帮助推动维权；中国是一个关系社会，甚至可以借助社会关系的力量来推动维权。

根据自身情况，分析对方管理机制、体制和相关的制度，选择在关键时期、敏感时机，找到对方的漏洞、矛盾、软肋等弱点和对解决问题的基本心态，采取有效的方法技巧进行投诉，既可以取得满意效果，有时也能大大缩短解决投诉的时间或降低维权的成本。如对侵权企业的行业特点、管理水平、监管情况、内部管理制度、服务承诺以及对自己形象的重视程度、对投诉的基本态度等等在投诉过程中进行必要的了解，只要有侵权，一定会存在一些管理、企业文化等问题，许多企业或员工往往为了掩盖一个问题而不惜采取误导、欺骗消费者的手段，不仅使问题复杂化，而且为投诉提供了更充分的证据和理由，到一定程度侵权方为了避免形象受损，不得不面对事实解决问题，可能付出更大的代价。

三、如何破解维权难题

（一）对侵权的再认识

通过以上分析研究，我们对侵权行为已经有了基本的认识，把这些认识经过总结、提升，会有新的认识。

1. 现代服务业侵权特征

（1）间接侵权、文明侵权、文化侵权越来越多，导致找证据、找证人、找责任人越来越困难；

（2）部分侵权受不合理规则保护，部分侵权缺乏维权依据，导致公开性、合规性、强制性侵权行为越来越成为侵权发展的新趋势；

（3）利用伪规则、服务平台、科技手段、法律漏洞和人们善良本性已成为侵权者的主要工具和手段，导致维权的更高成本、更长时间、更大风险和更大损失。

（4）侵权行为进入了良性循环状态，而维权行为正在被迫步入恶性循环阶段。

2. 侵权的道德本质

抛开客观意外与责任过失造成的侵权，有意与恶意侵权除了有单纯的利益目标或动机因素外，其背后透露出的是道德水平的高低、侵权性质的恶劣程度，可划分为三个层次。

（1）“顺手牵羊”的侵权。如果是“顺手牵羊”的个别或偶然行为，基本上是利用有利条件的一种纯利益性目的的行为，可视为有一定道德底线，在一定道德约束范围内的个人行为，属于个人品德不坚定或因为环境条件等的影响偶然失足所致，这种行为对产生的侵权后果和对社会的危害有限，如果加强对侵权者的教育，加强内部的管理和堵塞管理漏洞就会有效避免此类事件的发生或取得明显的改进效果。这类情况主要发生在个人侵权行为中。

（2）“名正言顺”的侵权。其关键是利用规则等来实施“文明侵权”，其本质是“绑架现代科技手段与文明为侵权所用”。如果是为了侵权和规避、逃避责任刻意进行了设计，其行为属于为了利益，披着文明的外衣，做着挑战道德和法律的各种设计与尝试,其目的是把不正当的侵权行为想办法改变为合理合法的侵权行为，利用法律、规则的漏洞和道德的有限约束力来制定不合理的规则实施侵权。但这种有意、恶意侵权行为和产品设计从本质上讲是丧失道德标准的行为，之所以其侵权行为有一定顾忌或受到一定约束，是畏于法律的制裁和社会的道德谴责而披上了道德与文明的外衣。这类情况主要发生在部分有条件的企业或企业和个人相结合的侵权行为中，道德被利益所绑架，成为其侵权利用的工具而已。

（3）“无所顾忌”的侵权。其核心是“一切为了利益”，通过利用法律、规则的漏洞，有意歪曲道德和文化的精髓，甚至利用道德、出卖道德以换取利益，“明知不可为而为之”，道德不但起不到约束作用，反而成为侵权者的工具和帮凶，助长、推动、支持了侵权行为。这是一种性质最为恶劣、行为无所顾忌、突破道德底线的侵权行为。这类情况主要发生在少数企业或企业内部个人和企业集体相结合的侵权行为中。

3. 侵权的发展演变

社会在进步，而侵权也随着社会的进步在发展。前面我们已经研究了侵权的发展趋势，现在再来研究、总结侵权的发展过程或进化过程，从中可以看出，侵权的方式、手段、规模、行为性质随着社会的发展进步已经发生了根本性变化，已由初级阶段、中级阶段发展进化到了高级阶段。简单分析如下：

（1）初级侵权阶段——原始侵权阶段，也可称为直接侵权或低级侵权。这一阶段的特征是，社会物质不充分，第三产业发展落后，人们对服务业基本没有要求，因此侵权的手段、方式比较落后，主要是利用提供产品或消费服务的有利条件、优势和主动地位进行的直接、零星、单纯、简单的侵权行为。消费者能直接感受到侵权行为，有证据来证明侵权行为的存在，也为维权提供了基本的依据。

（2）中级侵权阶段——“文明侵权”阶段，也可称为科技侵权或间接侵权阶段。这一阶段的特征是，社会科技快速发展，物质逐步丰富，第三产业特别是金融等服务业逐步发展并受到人们的普遍性需要，随着第三产业利用先进的科学技术手段实现其快速发展的同时，也为其实现侵权手段、方式的可操作或可控制性转换提供了方便、快捷、可行的有利条件。从此，传统的侵权行为转变为利用科技手段来实施，更具有针对性、公开或隐匿性和强制性特征。消费者对于公开的侵权由于缺乏有利的规则依据而难以维权，对于隐匿的侵权由于缺乏有力的证据而无法维权，侵权的手段进步与传统维权的困惑形成了鲜明的对照。

（3）高级侵权阶段——文化侵权阶段，也可称为超级侵权或现代侵权（科技＋规则＋文化）。这一阶段的特征是，随着社会的快速发展，人们对物质与精神的追求越来越多，第三产业进入了高速发展时期，人们的生活已离不开现代服务业的服务，而侵权也随着社会的发展进入了一个脱胎换骨的时代——“侵权的文明文化”阶段。侵权者不但充分利用科技手段，更是创造性地利用制定不合理的规则进行文明的侵权行为和利用文明侵权的规则逐步发展形成了“合理、合规、合法”的侵权文化来保护和实施文明侵权行为的正当性、合理性、合法性，为野蛮侵权披上了侵权文明的外衣，并使侵权行为更快速发展成为具有强制性、公开化、普遍化、规模化、利益链条化的特征。而此时的消费者不但不知道如何去维权，甚至连侵权与否存在也可能不知情，有感受也分辨不清，维权机构也难以帮助消费者维权。随着“法治国家”、“道德国家”建设的深入，人们的理性、文明维权似乎走到了绝路，要么是非理性维权、暴力维权去挑战法律、道德，要么人们不应该维权，而是应该如何去适应和享受“侵权的文明文化”为社会带来的文明侵权成果。

4. 侵权容易维权难的根源

(1) 法律法规的柔弱误伤

客观地讲，现有的法律法规等规则的制定出发点是正义的，但作用实际是有利于保护强者、保护侵权而不利于保护弱者、保护维权，有利于制定者、侵权者而不利于遵循着、维权者的作用，从现实的“侵权容易维权难”的事实就可以充分认识和理解。

为什么？一是因为法律规则制定强调的是公平、正义，表现的是“法”的刚性，而非“情与理”，需要的是“证据和依据”。但现实是法律规则制定的客观滞后性，侵权已发展到侵权者有“文明的侵权”规则依据，能控制证据，而侵权受害者本来就是弱者，往往难以得到证据，没有证据或缺少证据对维权机构甚至法律机构来讲，就难以判断是否侵权，也就难以帮助解决投诉诉求。专门的维权机构甚至是法律机构也无法解决的投诉诉求，靠消费者个人的理性、文明维权完全是一句空话，就是一个无法解决的难题。可见，现有的强制性规则在一定意义上起到了相反的作用，而非强制性规则特别是道德规则也在勉强起着有限的约束作用。二是侵权者的侵权成本太低，而维权者的维权资金、时间、精力投入以及精神等方面的成本远远高于侵权者，而且维权的投入越大风险越大。因为即使解决了侵权问题，消费者所得到的回报往往也不足以弥补侵权造成的全部损失，很少对侵权者有加倍、数倍的惩罚制裁，这也正是侵权行为不断泛滥成灾的重要原因，也是法律不能有效保护消费者权益的根源所在，法律与执法没有体现出尊严、威慑的作用。

(2) 侵权者道德水平缺失

侵权行为尤其是有意、恶意侵权行为，不应只简单认为是一个“行为”问题，其根源、实质所反映的是一个企业、一个人的“文化”与“道德”观念、素养、行为问题，而这些观念、素养、行为对于侵权者来说，有些可能就根本没有意识到、没有认识到甚至没有概念，更没有自我检验，他们的目的是利益，虽然得到了利益，但却同时失去了道德，应该受到道德的谴责，只有把侵权者的道德水平提高了，出于道德的自我约束，侵权行为也会大大减少，而且侵权行为的性质也会明显好转，可见，道德是抑制侵权的基础良药。

(3) 监管部门的打击不力

首先要明确责任。社会管理是一个复杂的问题，管与不管大不一样，严管与按部就班的管理大不一样。苗头性的要及早管，不要养虎为患，泛滥性的要严管、“严打”，坚决遏制发展势头。对于违法违规或借助不合理规则进行侵权的，靠侵权者的自觉纠正、道德约束是不现实的，在严厉打击让侵权者感受到付出代价、得不偿失的基础上，才有可能使侵权者正视问题，遵守规矩，才会自我道德约束。所以，对侵权行为的治理第一责任是监管机构。其次，要敢于打击。只有严厉打击才会改变现状，如果借口缺失法律法规、缺少证据而放松监管，那么，客观上等于助长了侵权行为，使侵权行为不但不会减少，反而会更加泛滥。因为规则始终是滞后的，因为规则的滞后，打击更是滞后的，谁也不承担责任，这个社会就不会健康发展。只有严厉打击，即使打击过头，出现一些问题，那也让侵权者去“维权”，让他们看看侵权的后果和维权的困难。最后才是解决治理侵权的规则、手段、措施和方法问题，这些问题都会在实践中得到妥善处理或总结出解决办法，在后面的内容中将涉及这些问题，这里不再赘述。

(4) 消费者的容忍助长

简单讲就是消费者不能让侵权者轻易得逞。能不能维权是一回事，维不维权是另一回事，要让侵权者付出一定的代价，才能使他们得不到暴利或想得到的利益，得不偿失的事侵权者是不会做的。人人容忍，不去维权，正是侵权者想要的结果。所以，人人维权，共同构建一个和谐文明的社会，社会才会发展，人人才能受益。

从以上分析，如何预防侵权、减少侵权、遏制侵权、打击侵权，让侵权者受道德的约束和严厉打击而畏于侵权，是保护消费者权益的最有效的办法。

（二）如何判断是否侵权

判断是否侵权，从目前甚至未来的基本依据、关键依据仍然是“是否符合相关规则”，可见规则的重要地位和作用。但现实的规则又起到怎样的作用呢？

侵权为什么容易？是因为对侵权没有有效的监管、打击，侵权者利用规则、科技手段和有利条件实施侵权太容易，成本太低，所以导致了侵权的不断发生。

维权为什么难？主要是因为对维权有太多的要求和限制，以及维权的高成本、高风险，所以消费者被迫通过非理性方式来维护自己的权益。可见，如何把法律的正义和规则的作用发挥出来，是解决侵权容易维权难的基本思路，如何判断是否侵权是惩治侵权、有利维权或解决维权难的一个关键因素或重要环节。如果把侵权易、维权难这两种情况反过来思考和研究解决办法，是不是就可以解决法律、规则的漏洞造成的侵权就会不那么容易，而维权就会不那么太难？我们可从以下几个方面来考虑、判断是否侵权：

1. 诚信原则，即道德原则

主要从中华民族的基本道德准则角度出发，衡量其行为是否符合基本的公共道德、职业道德、个人道德，是否符合现代文明和精神文明建设的要求、目标，是否符合诚实守信的基本原则，以此来判断其行为是否属于侵权行为或是否属于有意、恶意侵权行为，并根据判定结论为前提来确定道歉、赔偿等具体问题。

2. 承诺原则，即契约原则

主要依据服务提供方的承诺来判定是否侵权以及侵权性质，其中包括协议承诺、口头承诺以及宣传承诺。有许多服务提供方在推销服务产品过程中存在着夸大宣传、虚假承诺、有意误导消费者行为，那么，他应当对其承诺承担相应的责任。因此，可以通过对承诺是否实现来进行判断是否侵权，并做出相应的处理。

3. 标准原则，即质量原则

不论是什么产品都要有基本的质量指标、质量要求，有些服务产品虽然不能全部去量化衡量，但也有基本的服务范围定义、服务标准和服务要求等内涵。因为服务质量纠纷引发的投诉，是投诉的一种重要类型，也是判断是否侵权、侵权性质定性中争议比较大的一种。其实，只要按照服务目的、服务标准、行业规范要求以及服务承诺等去衡量，就不难判定是否侵权以及侵权的性质。

4.事实原则，即事实证据原则

主要依据事实结果而不是证据来判断和认定是否侵权。有些企业为了利益最大化，为了逃避责任追究，在提供虚假或不合格的服务中，想方设法不让消费者得到基本的依据即可能投诉的证据，一旦消费者投诉，便以无证据来阻挠消费者的维权行为，这也是造成投诉难的一个重要原因。其实，只要有消费行为，就一定有基本的事实依据作为基本的证据或旁证，一次、一个人可能难以判断，但多次、多个不同的人所投诉的问题，那一定是存在侵权行为。对于这种情况，更应该给予严厉打击。

5. 反证原则，即举证倒置原则

通过由侵权者反证自己无侵权行为来判断和认定是否侵权。对有事实但缺乏证据的侵权行为，因为事实的存在，道德的约束，完全可以不让消费者用证据来证明自己被侵权，而是让被投诉方即侵权方来证明自己没有侵权，相对来说可能更容易来判定是否有侵权行为，也更有利于解决投诉难、维权难的问题。

（三）如何帮助理性维权

在侵权的文明进化过程中，理性、文明维权并没有进化，社会规则随着社会的快速发展出现了更多的漏洞，社会管理矛盾亦越来越多。遵循原有思路、原有程序、原有方法很难适应社会的发展变化，在上述如何判断是否侵权的基本原则基础上，能否找到更有效的办法来帮助解决理性维权这一难题，是我们需要共同努力探索、实践的重点。为有效解决投诉难、维权难，我们应该顺应时代的发展，围绕“创新思路，简化程序，突出重点，注重效果”这个原则来研究探讨有效解决维权难的问题。应遵循以下主要原则：

1. 从简原则

可概括为“三个简单化”，即一是受理程序简单化。现有的消费者投诉一方面是找不到外部投诉机构，即使找到了受理也不方便，往往一个简单的投诉，投诉过程从寻找、联系、投诉以及中间的过程是许多消费者不愿去投诉的一个重要原因；二是提供证据简单化。对证据提供根据不同情况要有所区别。有许多情况侵权者往往不给消费者提供依据，使侵权受害者证据不足，或侵权者利用规则漏洞制定并依据不合理规则来保护自己，规避责任，而消费者缺乏有针对性的维权规则依据，造成对“文明侵权”难以维权的被动；三是投诉处理过程简单化。对不是复杂、重大的投诉，要本着简单化原则，尽量用简单化方式来解决，不要每一个投诉都从头开始了解、协商、依据证据和规则等等，完全可以实现同类案例比照、逻辑推断、举证倒置等简化方式来解决。

2. 从快原则

现代人的工作、生活节奏快、效率高，因此对侵权行为因人而异态度不同，其中许多人因为没有足够的时间或不愿浪费时间而放弃了维权。因此，从快解决投诉问题也是现代维权的一个基本要求和重要特征。对外部投诉机构受理的一般投诉，对侵权方应限定配合解决投诉问题的时间期限，如限定时间内未能解决的，一旦在后期认定是由侵权方的责任造成的，侵权方除了正常的赔偿外，要承担其后果，给予加倍、数倍的赔偿，以示惩罚，这样不仅有利于维护消费者的合法权益，降低消费者的维权成本，而且提高了侵权方的侵权成本，有利于遏制、打击侵权行为的泛滥。

3. 从重原则

即对侵权行为根据其性质予以区别对待，对性质恶劣、情节严重的侵权如恶意侵权行为应本着从重、从快的原则予以解决，特别是对打着为社会作奉献的幌子或披着文明的外衣做着不道德的侵权行为一定要严厉打击，决不能让这一类侵权行为肆意发生，损害消费者权益，败坏公共道德和社会风气。

4. 推断原则

即对无法提供或不需要提供完整证据，而是以事实为依据，只要通过合理的认定程序做出的结论即可作为维权依据。对许多侵权行为，侵权者是有目的、有准备的，普通消费者很难拿到充分的侵权证据，这就给维权造成了困难。但只要有侵权，一定有基本的事实或证据，而且这类侵权有可能有多个侵权受害者。可以通过权威机构授权或组成专家小组调研、论证或推断来认定，对侵权者不服的认定，让侵权方提供证据以证明自己是无责的，否则，推断认定就可以作为维权的依据。

5. 比照原则

即比照或参照同类案例来解决投诉问题。在现实生活中，有许多侵权方、侵权事件是基本相同的，有些可能已经投诉并得到了解决。对这些侵权行为，一种是可以参考已有的解决案例来赔偿，如果没有现成的案例可供参考，可以由权威机构授权或组成的专家小组解决，并将此作为一个参考案例，对同类侵权行为不需要从头开始，不需要提供完整的证据，只需要区别造成的损失来解决，同时也符合从简、从快的原则。

6. 谴责原则

在侵权行为中，有一些侵权行为除了其对侵权受害者造成的直接损失外，它的侵权手段、性质极其恶劣，对社会文明、公共道德造成的伤害也非常大，丧失了基本的道德底线，为社会所不容。对这些侵权除了从重从快严厉打击外，还要在一定范围内宣传、提醒广大消费者，也可专门建立网站，列入“黑名单”供消费者查询，全社会进行广泛的道德谴责，使这些侵权行为像“过街老鼠人人喊打”，没有容身之处，促进社会风气不断净化，传统“真、善、美”道德进一步得到弘扬。

(四)严厉打击重点侵权行为

分析各种侵权行为及其发展趋势，我们可以看出，目前侵权对社会危害性最大的是规则侵权、有意恶意侵权、团体侵权三类侵权，其中，规则侵权是引导“侵权的文明（行为）、文明的侵权（文化）”的罪魁祸首，它利用规则的漏洞和制定规则的有利条件，把侵权文化捆绑于社会道德之中，使人们难辨真伪；有意恶意侵权是性质最为恶劣、危害极其严重的行为，是利益腐蚀道德与文明的恶性社会毒瘤，必须从根本上铲除；团体侵权是缺乏社会责任的不道德的行为，本应担当社会责任，反而利用自身条件、地位败坏社会道德，是造成人们对社会不信任、不理解的重要原因。三者之间又有密切的关联，个别企业甚至集三种情况于一身，对社会造成的后果或不良影响巨大。因此，对这三种侵权行为重点进行严惩，社会投诉现象、社会道德风气就会得到明显好转。

1. 从严、从重处理利用规则侵权行为

利用规则侵权多产生于垄断经营企业和实力较强的企业，是利用社会规则漏洞、自行制定规则的有利条件，走“道德钢丝”的“文明”侵权行为，实质是最典型、最无耻、多发、高发的侵权行为。由于披上了“文明”与“创新”服务的外衣，文明社会对它的鉴定、判断好像缺乏依据，往往先容许它有一定的生存空间。其实，它就是一个社会毒瘤，不论是良性还是恶性，只是程度上的差别，是惩治“合理、合规、合法”侵权首先要惩治的主要目标。如果用针对性规则来惩治利用规则侵权行为，那将是

一个永远滞后、被动的办法，因为合理的规则始终是滞后的，需要经过长时间的积累、制定、修订才能完善，才能对他形成制约，而侵权者会寻找新的规则的漏洞或突破口，用新的借口、更高明的手段、更新的方法来制定新的规则实施侵权并规避责任。可见用“规则来对付规则”具有针对性，但始终是滞后和被动的措施。我们可以换个思路，改用“大规则来制约小规则”，即用宏观规则、公共道德的基本要求来衡量、制约有失道德、违背原则的规则，具体是：

一是对不遵守公平、公开、公正原则，未经过国家相关部门审定或由与规则有直接利益的人员、机构直接制定的规则，直接用“公平、公开、公正”原则和中华民族道德原则来衡量，先行制约；

二是鼓励投诉并对同行业、同类型投诉问题授权有关政府、行业协会、民间组织或相关司法机构组织有关行业、法律、社会专家组成专家组进行联合审议，形成案例，可适用于对同类投诉参照执行；

三是同时参照案例补充相关规则，明确具体规则要求和可操作性要求，以彻底根治；

四是要求自行、限期纠正，对限期、自行纠正的不合理规则予以从宽，对限期内不自行纠正的侵权规则及侵权行为从严、加倍惩罚。

2. 从快、从重处理有意、恶意侵权行为

有意、恶意侵权行为是一种性质恶劣的侵权行为，尤其是恶意侵权的行为性质要恶劣、更严重，其中有一部分侵权是通过规则来实施的。由于它的性质恶劣，特别是一些侵权行为对社会、对受害者个人造成的伤害严重，因此一定要作为重点打击对象予以严打严惩。但有些侵权行为由于它的恶意性、隐蔽性、伪装性，从鉴别、判断、认定角度来看有一定难度，或需要一定的时间，更需要作为重点，专项治理，从快、从重处理，以儆效尤。

3.从简、从快、从重处理团体侵权行为

这里说的团体侵权行为是指企业、机构或组织性质的侵权行为。相对来说，个人侵权有一定的局限性，而以企业为主体的侵权行为，具有侵权受害面大、时间长、次数多、对社会造成的道德负面危害性大的特点。从大局来看，企业、组织、机构应该承担一定的社会责任和义务，如果不但不承担社会责任，不履行社会义务，反而对社会的健康、和谐发展造成难以挽回的后果，这样的企业就不具有社会责任担当。同时，团体性侵权行为特别是大企业的侵权行为，由于管理手段和程序完备等方面原因，相对容易从内部找到侵权证据或相关记录，如录音、监控、信息等，也容易辨别是否侵权，因此就更应该给予从简、从快、从重处理，挽回对社会造成的负面影响，引起社会各界的高度关注和有效监督。

(五)治理侵权的16种方法

在以上认识、判断和重点打击的基础上，我们对侵权行为的治理应本着“严打重罚、简化有效”的原则来进行。当然，我们的治理侵权原则、措施等都是指在一定的法律框架内，对于一些可能涉及刑事责任的侵权案件、比较复杂的个体性侵权案件，仍然要严格按照有关程序解决，以免造成不必要的错案。在此前提下，可借鉴的主要方法有：

1. 以大压小——大规则管小规则

规则漏洞是一个永恒的问题，特别是我们正处在一个快速发展时期，因此，对规则的漏洞不能过于等待，否则，是对社会的不负责、对人民的不负责。最简单的办法，就是依靠“大法管小法、大规则管小规则”，在大规则的原则下，对规则漏洞出现的问题给予有针对性、可操作性的处理(如通过典型案例方式)，就能解决“大而不实际，小而有漏洞”的现实规则问题，增加了可操作性依据。

2. 以点带面——重点突破带动

有些问题是因为一开始（萌芽状态）无人解决，才导致了同类问题的逐步发展，一旦有人及时解决，堵塞漏洞，这类问题就不会发展，这就是“破窗理论”（一个玻璃窗被打碎，没有及时换新，很快有更多的玻璃窗被打碎)。有些问题带有普遍性、典型性，只要抓住一、两个重点侵权问题及时予以解决，可以带动面上整个问题的顺利解决。

3. 推行代理制

要在综合、专业维权服务机构中积极探索、建立和发展“公益性维权代理制”和“公益性维权代理人”制度，确实帮助消费者解决投诉难、维权难的实际问题，进一步扩大维权和打击侵权行为的范围。目前，要重点解决侵权受害面大、受害群体过于弱势或需要给予公益服务以及因多种原因无法维权的侵权受害者提供公益服务，如在有关行业协会、法律协会、消费者协会等设立专职公益维权代理（人）制度，帮助解决维权难、成本高、风险大、回报低等问题，切实保护消费者的合法权益。

4. 推行案例制

在当前法律法规不健全、实施细则不完善、可操作性比较差的情况下，应按照基本法律原则对具有代表性、典型性、普遍性的投诉或诉讼案件，组织有关专家、人员认真解决，形成案例，并将其作为基本案例向有关机构推荐参照执行。同时，也赋予基层法律部门、协调或调解机构一定的权力，允许他们探索建立案例参考制，对同类投诉、诉讼案件比照执行。

5. 建立维权专网

充分利用信息网络的快捷、方便、成本低、效率高等优势，在国家、省市层面由政府或行业协会组织，有关维权机构甚至民间公益机构具体负责建立“投诉维权网”，开辟若干专业分栏目，广泛公开收集投诉、检举侵权信息与诉求，实行分类、归类汇总，及时为有关维权机构提供侵权事件、证据等，并负责对同类案件、重点案件，及时组织集中维权或参照案例执行维权，对维权结果及时通过网络等媒体予以公开通报，扩大社会影响，以加大社会监督力度。

6. 提高赔偿金额

主要对有意、恶意并采取多种手段不配合消费者投诉、增加消费者维权成本的侵权行为，通过惩罚性计算赔偿范围、提高赔偿标准、增加赔偿金额倍数等方式，来提高侵权者的侵权成本，增加对消费者的赔偿金额。如赔偿范围可包括直接损失、时间损失、间接损失、精神损失等等；赔偿标准可根据维权成本上限计算并无需出具证据，如交通费按次数、时间推算并以出租车费用标准计算以及通信费等，损失按倍数加倍赔偿，大大提高侵权者的侵权成本，使其付出沉重代价，得不偿失，不敢随意侵权，使维权者降低维权成本。

7. 专家认定法

可授权有关维权机构，对一般性的侵权行为在一定范围、职责权限内组织有关行业、法律、社会（包括公共道德）专家组成专家小组，对投诉案件实行“简易推理认定”，无需提供充分证据，主要解决消费者有事实但缺乏充分证据的有意、恶意侵权行为，以简化程序、方便投诉，惩治侵权。

8. 简易司法程序

对投诉问题比较简单、或投诉已发展到法律诉讼的侵权案件，如事实清楚、责任明确，不属于刑事案件的一旦能证实是侵权者狡辩、欺骗、不道歉、不赔偿而造成的诉讼案件，可采用简易司法程序及时给予加倍处罚。

9. 同类合并法

对一般的投诉问题可实行“分类、归类、同类合并”处理的办法，既扩大了投诉解决范围，又相互补充了相关侵权证据，也有利于从简、从快解决投诉。但目前在许多方面，我们的实际要求都是一案一报、一案一处理，既增加了工作量，如要求每一件投诉都必须有证据，拖延了时间，也对消费者解决投诉问题增加了困难。

10. 同案同赔法

对一般的同类投诉问题实行“分类、归类、同类合并”，客观上为同案同判、同赔奠定了基础，可参照同类案件在相同原则下进行赔偿处理。

11. 超时加罚法

即对一般性的投诉案件实行限时解决的措施，对有意、恶意拖延时间不积极解决消费者投诉问题的侵权方，超出投诉解决限定时间要求，一旦证实属于侵权方的责任，则给予加重或加倍赔偿的处罚。

12. 侵权方举证

对不涉及隐私且侵权方有相关录音、录像的，应该授权有关投诉解决机构有权可直接要求侵权方提供录音、录像等相关证据和承担举证义务，只需要三方签订一个查看录音录像协议，而无需通过公安机关，从而进一步简化和方便投诉问题的解决。

13. 建立黑名单

即对侵权行为、侵权金额达到一定次数、数量，或对尚未落实的侵权投诉达到一定数量时，或不配合有关维权机构工作、应提供而不提供有关录音、录像证据的，由相关机构列入“投诉维权网黑名单”中，以便消费者查询，必要的予以向社会公开提醒，对侵权方予以公开警告。

14. 登记追溯法

对在一定时间内尚未解决的投诉问题，有关协调解决机构予以登记，一旦再出现有同类案件，可参照同类案件的处理结果一并予以追溯，并可以给予一次性加重处罚措施。

15. 投诉首负责任制

即对消费者的投诉，在维权机构职责的范围内，无论向哪一个机构投诉，第一个接到投诉的机构都要实行首负责任，负责投诉的协调、核实、解决，如果是自己难以解决的投诉，也要负责全程协调解决事宜直至最后有解决结果。

16. 投诉责任追究制

即对投诉机构解决投诉问题实行投诉人回访、责任考核、监督检查等措施，以强化投诉机构履行帮助消费者解决投诉问题的责任和义务，提高投诉问题的及时、普遍、有效得到解决。

后记

本书的完成纯属偶然。

最初本人遇到多次侵权无法维权时，觉得这是一个难得的案例题材，只是想把它整理成为一个典型的管理咨询案例。在边整理、边维权、边思考的过程中，总结出一些基本的维权常识性知识，考虑到对多数人有一定的参考、借鉴价值，加上不断丰富的案例素材，逐步萌生了把它整理成为一本集管理咨询案例与维权基本知识的书籍。初稿基本形成后，又感觉到不同的人，从不同的角度，对侵权与维权的认识和理解有很大的差别，容易造成维权困难或增加维权难度，甚至无法维权，因此，又专门分析研究、总结归类，增加了“维权概念”部分。

本书依据原《消费者权益保护法》编写，由于种种原因推迟至新的《消费者权益保护法》生效后出版，可能导致个别内容已过时或研究不够，但考虑到实际也未作修改。在书稿基本完成后，有不少朋友包括管理、咨询、法律等方面的专家对本书在结构、内容、分析角度等方面提了一些好的建议，本人作了必要的调整、修改和完善。在此，一并表示真诚的谢意。

2014 年“3·15”晚会的主题是“让消费更有尊严”。这一主题实际反映了我们现有的消费环境不如人意，消费者没有得到应有的尊严（重）。

如何改变这一现状？除了消费产品提供者要提供更好的产品与服务外，倡导人人维权，大力改善社会道德环境和维权环境，促使侵权者回归道德底线、给予消费者有诚意的道歉是重要的前提。

作 者
2014 年 5 月